国家出版基金项目
NATIONAL PUBLICATION FOUNDATION

十二五国家重点出版物出版规划项目

走向世界丛书

主编　钟叔河　曾德明　杨云辉

FROM EAST TO WEST

缪祐孙俄游汇编

许乃征　李长林　校点

岳麓書社·长沙

本册总目

丛书新序□

钟叔河

二〇一三年十月

“走向世界丛书”一百种，只收晚清时期 from east to west（从东方到西方）的记述，这并不等于说，只有十九世纪末二十世纪初的中国人，才需要面对走向世界的问题。

纵观人类历史，走向世界决不是什么地区性和阶段性的活动，而是不断出现在全人类发展进步过程中并与之同步的历史现象。一百万年前，人类开始从非洲进入亚洲和欧洲，一万年前，又从亚洲进入北美洲和大洋洲，就是在不断地走向世界。

从有史以来的文献、文物看，三千多年前的《奥德赛》和《出埃及记》，说的是古希腊人和以色列人走向世界——走向地中海和巴勒斯坦。两千多年前的《史记》和《汉书》，写了张骞和后来汉朝“益发使”走向世界——曾走到罗马在西亚的边陲。一千三百年前的《大秦景教流行中国碑》、七百年前的《马可·波罗游记》和四百年前的《利玛窦中国札记》，记下了阿罗本、马可·波罗、利玛窦的 from west to east，这和 from east to west 一样，都是在走向世界。

人类曾因地理、种族、制度、意识形态等原因而互相分离，甚至隔绝。夜郎国的君长初见汉使时问：“汉孰与我大?”当是时，夜郎的世界僻处黔西，其“大”可知；连夜郎都未入版图，则汉之“大”亦远不如今之中国。但人为万物之灵，为了求生存谋发展，总不能老守着自己的一亩三分地，总会要想方设法走向世界——走向更广阔的外部世界。于是，汉要“通西南夷”，要前往原来“道险终不能有”的夜郎；夜郎要问“汉孰与我大”，要想改变原来“不知汉广大”的状况。由互相隔绝变而互相接近，互求了解，这就是走向世界。

走向世界，无论是自己走出去还是让别人走进来（总比让别人杀进来好），无论是主动的还是被动的，从总的历史进程看，用大的历史眼光看，都有利于发展，都是一种进步。对汉朝来说是如此，对夜郎来说亦是如此。两千年前是如此，两千年后亦是如此。上世纪七十年代末开始编辑出版“走向世界丛书”时是如此，如今来继续编辑出版这部丛书时亦是如此。

今天的中国已不再是七十年代的中国，虽然仍称发展中国家，经济总量却早已“超英”，正在“赶美”，但走向世界的路还“漫漫其修远”。时至现代，走向世界当然是要走向现代化的世界，也就是要高度现代化，全盘现代化。“四个现代化”的“四个”——工业、农业、科技和国防，已经“化”出了很大的成绩，而我们的管理现代化，我们的服务现代化，我们的制度现代化……要走的路的确还很长。

现代人走向世界，首先要使自己成为能接受全球文明，有世界知识，有世界眼光，有世界理想的人。“走向世界丛书”杰出的作者，如郭嵩焘、黄遵宪……又如邹代钧、金绍城……他们看到的新技术还是德律风（送话器和最早的手摇电话机）、火轮车（蒸汽机车）……我们如今却已经用上了智能手机、坐上了波音飞机……但在思想层面上，我（不敢称我们）反省自己的世界眼光和世界理想，甚至在世界知识的某些方面，比起一个多世纪以前的郭、黄他们来，差距实在还不小。在这方面，也就是人的现代化这方面，要走的路就更“漫漫其修远”了。

五年前北京奥运会的成功举世公认，它已经成为中国走向世界的一大标志。它的口号：

ONE WORLD，ONE DREAM

“同一个世界，同一个梦想”，这也应该是现代人走向世界的志向和目的，是我们继续编辑出版“走向世界丛书”的志向和目的。

丛书原序

钟叔河

一九八〇年七月

人们常说，今日之世界，乃是一个“迅速缩小的世界”（rapidly shrinking world）。在电视卫星、激光通信和喷气式客机的时代，地球之上各地之间的距离，确实好像越来越短，人们相互间的接触和交流，也越来越方便和密切了。

可是，仅仅在几代人以前，异国还显得那样的离奇和遥远。古代欧洲人说，中国人用小米和青芦喂一种类似蜘蛛的昆虫，喂到第五年虫肚子胀裂开，就从里面取出丝来（Pausanias《希腊纪事》）。古代中国人则曾经相信，西方有种羊羔是从泥土里生长出来的，脐带还连着大地（《旧唐书·西戎传》、《渊鉴类函·边塞部九》）。这类海外奇谈，今天听起来简直不可思议，而在过去上千年中，却一直被当作可信的资料，记载在欧洲和中国的史书上。由此可见，人类文明的发展，经历了一条何等漫长曲折的道路。

为了探索和开辟外部世界，丰富自己的物质和精神生活，各国人民都作过许多贡献。人类文明史像叙说伟大的发明家和著作家一样，将永远铭记着张骞、玄奘、马可·波罗、哥伦布等不朽的名字。我们甚至可以这样说：一个民族从中世纪到现代的历史，也就是它打开眼界和走向世界的历史。

历史的发展从来是不平衡的。当黄河、长江已经哺育出精美辉煌的古代文化时，泰晤士、莱茵和密西西比河上的居民，还在阴暗的原始森林里徘徊。而自从地理大发现和产业革命以来，中国却相对地落后了。在西方实现资本主义的现代化以后，中国还是一个基本上同外界隔绝的古老国家。是鸦片战争打开了中国的大门，也打开了中国人的眼睛。人们称林则徐和魏源为清代最早“开眼看世界”的人，因为西方的坚船利炮打到中国来时，他们首当其冲，亲身感到这个世界在缩小，距离和壁垒再也不能将异国隔离开了。

过去时代的中国读书人，在“严夷夏之大防”的社会里度过了上千年。封闭的外壳被打破后怎么办？守旧派的办法是把脑袋钻进沙子里学鸵鸟，像慈禧太后的大学士徐桐，见到洋人就以扇遮面。就是这个徐桐，在庚子年间焚香叩请骊山老母下凡来“杀尽洋人”，结果骊山老母没有下凡，他自己的老命却白白送掉了。而林则徐和魏源则不同，提出要“师夷长技以制夷”，主张学习外国的长处，以对付外国的侵略。要学习，先得了解，于是林则徐编了《四洲志》，魏源编了《海国图志》。虽然他们未能亲身出国去考察，书的材料靠间接采辑而来，难免有许多谬误，但无论如何，地里长羊羔之类的神话毕竟不得不逐步让位给常识了。

林、魏之后，中国才开始有读书人走出国门，到欧美日本去学习、访问和工作。容闳、王韬、郭嵩焘、黄遵宪和严复等人，要算是最早的。接着出国的人渐渐多了起来，尽管其中不少是奉派而去的政府官员，但既然去了，就不会不接触近代—现代的科学文化和政治思想，也就不可能不在中国发生影响。

“走向世界丛书”专收一九一一年前国人亲历

欧美和日本的记述。自从一八四〇年鸦片战争失败那时起，先进的中国人，经过千辛万苦，向西方国家寻找真理。应该说康有为和在他之前的郭嵩焘、王韬、容闳等人，的确代表了近代中国向西方寻找真理的一派人物。当然，丛书所收的，也并不全属先进的人物的作品；但总而言之这些都是中国人从东方走向西方的实录，自有其文化的意义和历史的价值。

必须指出的是：从鸦片战争到五四运动这一历史时期中，西方国家虽在许多方面比中国先进，值得中国人学习，但国家利己主义的本质，却总是要压迫剥削比他们落后的民族的。中国人走向世界、接触西方，既有一个学习外国长处的问题，又有一个抵抗外国侵略的问题，盲目排外和盲目崇外都是错误的。对于某些作品中不免流露的这类观点，我们将在为各书撰写的叙论中，适当地作些分析，供读者参考。

“洋为中用”是我们今天的主张，也是十九世纪先进的中国人的主张。“师夷长技以制夷”，不就是“洋为中用”吗？当然，随着接触和认识的逐步深入，人们慢慢地看出：仅仅学一点“长技”，搞一点坚船利炮，还是不行的；要救国，只有维新，维新行不通，就只有革命。伟大的革命先行者孙中山，用他自己的话来说，也是在一八七八年出国以后，“始见轮舟之奇、沧海之阔，自是有慕西学之心，穷天地之想”，才树立了推翻清朝建立民国的大志和信心。历史无情亦有情，后人的思想和事业肯定要超越前人，但前人的足迹总可以留作后人借鉴，先行者总是值得纪念的。

今天的世界已不是十九世纪的世界，今天的中国更不是清朝末年的中国。今日之中国，已经逐渐以现代的面貌，出现在世界的东方。但是，世界的进步越来越快，中国的经济和文化等许多方面还需要不断地发展和提高；这就必需继续打开眼界、走向世界。打开眼界以后，还要学会分析，分清好的和坏的。一切好的东西，要拿来为我所用；一切有害的东西，要实行抵制和预防。在这方面，前人的经验和教训，有一些也仍然值得我们注意。

谨将这套丛书奉献给爱好历史和文化、关心中国和世界的读者，希望它能在中国现代化的过程中，起到一点微薄的作用，是为序。

丛书凡例□

一、“走向世界丛书”一九八六年前已刊三十五种，二〇一五年起仍按原定一百种的计划继续刊行，仍然专收现代以前用文言写作的国人考察西方（含开国后的日本）的记述，仍以亲身经历、直接闻见者为限。

二、丛书按作者出国年月排列次序，尽量单行，即以一种为一册；字数过少无法单行者，才以两种或数种合订成册。合订本尽可能以类相从，按第一种出国年月排序；其各种均在封面列出书名，书脊则只列出第一种书名，并在其下注明“等几种”。

三、每种（册）书前，均由编校者撰写导言（叙论），介绍作者有关背景和书中重要内容，酌加评论分析，以供读者参考。

四、丛书均经编校者校订，标点分段，并加边批。边批的内容主要包括三个方面，兹以《随使德国记》为例，举示如下：

1. 标题、提要和说明，如“星使由苏州来”、“普鲁士分一十二省”、“演八十日环游地球的故事”、“如夫人即赛金花”、“‘人工’今皆称工人”。

2. 书中较重要的译名（加括弧注出原文或今译），如“德璀琳（Detring）”、“毕驷马（俾斯麦）”、“布莱门（不来梅）”、“德利风（电话）”。

3. 原文的订正和存疑，如“‘公司船’原无船字”、“‘骁勇’原作‘骑勇’”、“‘薛福成’成字原作辰”、“奥京立斯本应是维也纳”。

五、每种书后，均附人名索引，人名依首字笔画和一丨丿丶乚排列，按年、月、日三节数字查检（正文单页码下均有年、月、日三节数字备查）。如德璀琳之“德”字为十五画，于索引

“十五画”内检得其名下首列“13，8，17”，查正文“13，8，17”在P.3下，即可在P.3上找到（光绪十三年八月）十七日“乘肩舆往拜税务司德璀琳”的记载。

六、每种书后，一般附有译名简释（今昔译名对照，必要时并加说明），亦依首字笔画和一丨丿丶乚排列。如“卜兰墩浦Brandenburg，勃兰登堡”，又如“勺勾腊chocolate，巧克力”。

七、人名索引和译名简释的条目，并不限于边批中所举者；边批中所举者，则必皆收入索引和简释。

八、人名索引按年、月、日三节数字查检，其原书不著年、月、日者，则按篇章序号或页码查检。

九、原文因排印（抄写）而出现的明显的文字错误径予改正，不在边批中注出。

十、原文中同一外国地名而作者译法多样，

如缪祐孙《俄游汇编》中“彼得堡”就有“比得堡”“彼德堡”等异文，“莫斯科”也是如此。此种情形，无碍阅读，故一仍其旧，不作统一。

十一、原文中之统计数字均一仍其旧。少量表格中之统计数字，为方便读者阅读，改为阿拉伯数字。个别已经失去时效、并无参考价值的资料，则在说明情况后予以删去。

（十二）丛书均以简体汉字印行；除总序、凡例外，编校者所作导言（叙论）、边批、索引中涉及的数字均按现行规定采用阿拉伯数字。

叙论："采访精详，有裨时务"

李长林

一、缪祐孙出游俄国的背景与由来

缪祐孙，江苏江阴申港人，晚清著名学者缪荃孙的从弟，他1851年生于四川成都府，少时游学金陵，渐得文名。光绪八年（1882）中举人后他曾供职淮南书局等处。光绪十一年（1885），缪祐孙出版了考据学的著作《汉书引经异文录考证》。次年他中进士，遂任户部学习主事。缪祐孙感忧国事，中法战争后郁闷异常，在给从兄缪荃孙的信中说："夷事朝旨决战，然将帅实在无人，二十年来效法泰西，制造利器，皆不足恃"。① 对持续多年的洋务

①《艺风堂友朋书札》（上），上海古籍出版社1980年，第276页。

运动颇有微词。他关心时政，对于外情和洋务事宜甚为关注，因此在光绪十三年（1887）总理衙门以海防、史地、外交、洋务为试题进行的游历使选拔考试中，他名列第二。

缪祐孙所以在中国近代史上留下名声，是由于他参加了清朝光绪十三年（1887）国家派出的海外游历活动，因此我们在考察缪氏海外游历活动时，必须了解这次派遣海外游历人员的由来。

自从鸦片战争西方列强用武力打开中国大门以后，西方国家逐渐取得五口通商、公使驻京、内地游历、传教等特权。西方的外交官、军官、商人、传教士、学者不断以游历为名来中国沿海和内地活动，并收集中国政治、经济、军事情报。相形之下，清朝政府内一些开明人士痛感中国对外情的隔膜和无知，于是开始主张、鼓励派员出国游历，以便探知外情。光绪十年（1884）御史谢祖源在名为《时局多艰、请广收奇杰之士游历外洋》的奏疏中，提出具体建议。光绪十一年二月十一日（1885 年 3 月 27 日）总理衙门大臣奕劻在议复这份奏疏中，指出："今外务日繁，诚宜广为储材，以收群策群力之效"，"是以欲知中外之情，必自游历始"。后来几经酝酿研究，总理衙门在光绪十三年四月二十五日（1887 年 5 月 18 日）拟定了《出洋游历章程》，其中第九条规定："游历之时应将各处地形之要隘、防守之大势以及远近里数、风俗、政治、水师、炮台、制造厂局、火轮舟车、水雷炮弹，详细记载，以备查考。”此后，派遣出洋游历人员便进入了准备考试阶段。缪祐孙积极报了名，他在给其从兄缪荃孙的信中曾说：“出洋游历乃弟平生之志。”① 1887年6月21日至6月22日在同文馆举行的考试中，应考者54人，缪祐孙名列第二。他时年33岁，文化素质较高，有进取心且年富力强。据光绪十三年七月十日（1887年8月28日）总理衙门的奏报，缪氏被派往俄国游历。当时派往外国游历的共五个组，其中都是派往多个国家，只有缪氏被派往俄国一个国家，可见对俄国的重视。所以如此，是鉴于当时俄国已渐成为威胁中国的大敌。

近代以来，随着西方列强侵入中国，俄罗斯趁火打劫。此时俄国对中央亚细亚和西伯利亚的扩张已经成功。这种形势使中国不仅西北部而且东北部都面临着迫在眉睫的威胁。当时，俄国政府不断派遣人员对中国进行了解与探查，为侵吞中国领土提供情报。相比之下，中国对俄国了解甚少，没有人亲赴俄国进行专门考察，写出有分量的记述。尽管，斌椿、张德彝、曾纪泽等人或游历、或出使到过俄国，并将有关活动做了记载，却因有各自的使命，其所记多是只鳞片羽，不够系统全面。根据上述情况，当时一些有识之士都呼吁应该开展对俄国全面的实地考察。其中有代表性的便是黎庶昌，他在长期外交生涯中认识到当时俄国是中国最危险的敌人，认为俄国领土扩张的野心

①《艺风堂友朋书札》（上），第295页。

极强，对于蒙古和新疆久怀异志。他指出："俄罗斯边地绵长，与国邻接二万馀里，疆场纠纷，时时多故，其在亚细亚洲者，仍属茫昧无稽。俄人高掌远跖，志在得地南侵，蒙古、新疆，垂涎已久。故尝欲创火车设电线以达中华，君臣同力谋之数十年，徒以地势险远，经营未就。而中国从未有遣一介之使，涉历欧亚腹地以相窥觇者。"他建议派员赴俄罗斯腹地游历考察，以广泛搜集情报，备日后通商用兵有所考虑，不为俄人所欺①。黎庶昌这一建议直到1887年（光绪十三年）户部主事缪祐孙出游俄国才得以实现。

二、缪祐孙游历俄国的始末

缪祐孙于光绪十三年（1887）九月十三日乘德意志公司萨克森号海轮从上海出发，经香港、新加坡等地，在意大利热内亚登陆，由此乘火车经德国柏林，十月二十二日到达俄罗斯都城圣彼得堡。其后两年，缪氏从西向东横穿俄国境内。光绪十五年（1889）四月十六日到达恰克图，从此地回国，往返行程七万馀里。

缪氏在俄国境内游历的路线如下：光绪十四年四月初六离开圣彼得堡，前往莫斯科。四月二十七日抵达基辅，

①黎庶昌《上曾侯书》、《西洋杂志》，岳麓书社"走向世界丛书"，1985年，第543—544页。

后又至哆哇斯托波立（塞尔斯托波尔）、梯富丽斯（第比利斯）、八枯（巴库）、萨拉夺夫（萨拉斯托夫）。七月十七日抵达尼日里诺甫果倮特（尼什诺夫哥罗德）。八月二十四日抵达叶喀特林（叶卡捷林）。九月初六抵达裘冕（秋明）。十五日抵达托木司克（托木斯克），二十六日抵达克拉斯诺雅尔斯克。十月十日抵达伊尔古慈克（伊尔库茨克）。光绪十五年四月六日抵达恰克图，经外蒙古库伦（今乌兰巴托）、张家口返回北京。

缪氏在俄国游历期间经历了种种困难：舟车的劳累，在中亚时受过高温酷暑的熬煎。从陆路回国途中，人烟罕至，多荒凉之区，气候寒冷，无可口的饮食，加之车马颠簸，他身体并非健壮，饥寒之中，不免生病，以致在伊尔库茨克一病难起，只得租屋一间修养数月后才起程回国。此外，游历期间，他又面临经费短绌、捉襟见肘的困扰。由于缪氏具有一腔报国之志，克服了上述种种困难，终于完成了游历考察的重任。

三、《俄游汇编》的内容及其价值

通过近两年的游历、参观和了解，缪氏认为自己对于俄国境内的“山川险要、政治得失、帑藏盈绌、兵力厚薄、物产饶歉、户口众寡、俗习美疵”，都已经“亲履观览”。于是将考察、考证、翻译、日记综合起来编写成《俄游汇编》。归国后上报总理衙门，以便交差。

《俄游汇编》共十二卷，卷前有《叙目》（绪言）。第一卷包括“俄罗斯源流考”、“译俄人自取悉毕尔始末”、“译俄人自记取中亚细亚始末”。第二、三、四卷为疆域表及所附地图。第五卷为铁路表及路线图。第六卷为通俄道里表。第七卷为山形志、水道记。第八卷为舟师实和陆军制户口略。第九至十二卷为日记。

《叙目》着重论述了考察俄国的重要性。缪氏认为视影不如察形，百闻不如一见。他指出俄国是中国非常重要的邻国，当时俄国虽远逾万里，而东北西北边陲相错，一再侵盗。实为“勍邻”。他认为中国对俄国的研究状况与俄国的重要地位并不相称，还没有以亲见为基础，全面且深入介绍俄国的著作。缪氏提出《俄游汇编》的编辑旨在“防备强邻”，并且具有填补空白的作用。

《俄游汇编》实际上可分为两大部分：第一大部分：第一卷至第八卷为有关资料的梳理，穿插有评论。第二大部分：第九卷至第十二卷为日记。起自光绪十三年七月二十五日，终于光绪十五年六月初一日，所记以圣彼得堡为主，兼及南俄和西伯利亚。记述了缪氏在俄国的活动、见闻及观感。这两大部分的价值宜分别加以评述。

（一）《俄游汇编》第一大部分的价值

对俄罗斯的源流进行了考证

俄罗斯的源流是当时学术界争论较大的问题，而且是了解俄罗斯必须首先研究的问题，因此，缪氏把这一问题列为首篇。他根据中国古籍和域外文献，对这一问题进行了考证。他考证诸说，认为俄罗斯为吐蕃之遗，而非源于乌孙。指出“近人谓俄崛起于唐季，又云多土蕃宏士种类，又称为西底阿土蕃”。这种说法源自西方，肯定是有根据的，他还考证出俄罗斯的姓名还留着西羌的遗俗。吐蕃是西羌的一支。当时有的学者提出俄罗斯系乌孙遗种，缪氏反驳了这种说法。他认为乌孙到唐时已经非常衰微，不可能越过里海西迁，并且《辽史》也有关于乌孙曾向辽入贡的记载。《元史》许多说法也与俄罗斯有关。缪氏对这些说法一一进行了辨析，虽然他对俄罗斯源流的种种说法并不完全准确，但确实下了功夫的，具有重要参考价值。薛福成在《出使英法义比四国日记》中，转述缪氏有关记述之后，指出缪氏将俄罗斯“考为吐蕃之裔者，较确”。①

记述了俄国扩张史，论证了中国防俄的迫切性

《取悉毕尔始末》和《取中亚细亚始末》两篇始末虽标明系译自俄人自记，但缪氏根据自己的观点，对有关资料进行了评述。

在前一篇始末中，首先描述了西伯利亚的自然环境，然后重点记述了俄国在这一地区逐渐扩张、统治的过程。指出1578年才进入这一地区，伊凡四世时“才欲以兵袭

①薛福成《出使英法义比四国日记》，岳麓书社“走向世界丛书”，1985年，第173页。

取之”，到1708年彼得大帝在全国建立省治时，将西伯利亚列为一省。1731年在鄂霍茨克城设立总督进行统治，1755年沙俄政府又分此地为三省，但此时仍旧规模初创，条理未密，民多不受约束。1822年又把西伯利亚划分为东西两个地区。此后通过与中国订立的《瑷珲条约》和《北京条约》吞并了黑龙江以北乌苏里江以东大片的中国领土。缪氏对俄国在这一地区的大肆扩张忧心忡忡，认为“夷狄贪狡，平则顺化，世乱则乘危，古今一辙也”，指出俄国常乘英法等国侵略中国和中国内部发生人民起义之机，怦然心动，其贪念愈炽，狡谋愈深。因此，他认为防俄已经到了十分紧迫的地步，“我之防维，固有亟于宋室经略西夏，明人之防御东倭者矣!”

在俄人自取中亚细亚始末中，首先回顾了俄国经略此地的由来。其经略始于彼得大帝派人到此取金沙，然后筑铁路至鄂木斯克等三城。1716年派兵往临希洼布哈尔责其贡献，结果大败而归。后来吸取教训，稳扎稳打终于将此地一一占领。缪氏揭露俄国侵占与统治中亚一个特点就是恩威兼施，或“驻以劲旅，布以猾商，震以威，更诱以利”，或欺小而并之。他认为侵占这一地区后，对中国西部边疆造成了很大威胁，“我边鄙颇受侵渔”，我们必须提高警惕。

系统考察了俄国的军事力量

军事力量是一个国家加强内部统治，处理对外关系的支柱，是一个国家国力的重要表现，因此，缪氏在《俄游汇编》第八卷专门撰有《舟师实》和《陆军制》，分别评述了俄国海军与陆军。

在《舟师实》的开头，缪氏对俄国与欧洲其他国家的海军力量进行了比较。指出：英法领先，俄失拙迟。但近年来有迎头赶上之势。接着他对俄罗斯的波罗的海、黑海、里海、远东各舰队的情况，诸如舰只名称、大小、吨位、马力、武器、装备、将官、兵员、建造年代一一列出。在介绍各舰队之后，缪氏从宏观上对我国的海军的管理体制、人才培养等方面进行了评述。他还对俄国海军的整体力量及其在远东的情况进行了评估与分析，着重指出：俄国海军可以“进而争衡于鲸波海浪中，退而保其土宇”。当时俄国海军不是很强，但是在黑龙江、兴凯湖等地“皆置兵舰，时而复游弋”，因此，中国在东北边境对俄必须时时保持警惕。

在《陆军制》中一开头，缪氏就指出近代欧洲各国包括俄国在内，军队已经不是古代那种“恃勇无谋、斗力鲜智”的武装力量，而已经改变成为精心讲究军事，严于治军了。他认为俄国军制的一大特点是寓兵于农。因此做到了全民皆兵。士兵分为额兵与乡兵，额兵有定数，乡兵乃国之人皆是，无定数。《陆军制》又具体叙述了俄国陆军如何分类及其任务。额兵分四类：前敌、后劲、储备、协助。前敌“日严阵以待，遴勇锐精悍者充之”，有警即发。后劲，专保营垒、或分取地域、或挠敌势、包抄横击、乘机蹈瑕，与前敌互为声援。储备则是“专教练各艺，兼前敌后劲之长，俟补其缺”。协助的任务是运送伤员、修缮甲兵等。《陆军制》还介绍了军官晋升制度和战时俄军这台机器是如何运转的。

缪氏在《陆军制》中，又对俄国的军队做了总的评估。他写道：“谈陆军者以普鲁士为最，而俄次之。”而俄人则说俄军的“兵之敢战不畏死，殆逾于普鲁士”。缪氏根据自己的观察指出两点：一是俄军“气象肃穆，赏罚严明，上下一心，坚忍而朴，不可谓无节制之师”；二是“有整肃以归，无鼓舞之志，虽畏威而不怀德，可以取胜而难经败”。

（二）《俄游汇编》第二大部分的价值

《俄游汇编》第九卷至第十二卷的日记，缪氏写得很认真，他自称“日则游采，夜则考证”，几乎每日都有日记。所记，有的是本人下马观花仔细观察所得，有的是从报纸上取得的信息，有的是从知情人了解的情况。记下的见闻与感受，可以与《汇编》其他部分相互补充，相互印证。

日记内容丰富，涉及有旅途行程、人员交往、国际关系、国内局势、历史变迁、军事设施、武装设备、阅兵操练、监狱刑罚、少数民族、赋税制度、博物书籍、档案收藏、蜡人展览、文物古迹、各类学校、医院设备、天文历法、汉学成就、马戏表演、动物观赏、民风习俗、船厂炮厂、石油矿产、货币制造、港口灯塔、茶商贸易、华商处境、山岭河湖、风景名胜、植物水果、自然灾害等等。

综其所记，构成亮点，颇具价值的有以下几个方面：

关注国际关系的新动态

19世纪末期正是西方列强之间的矛盾开始激化，国际局势处于多事之秋时期。缪氏在俄国及时敏锐地觉察到了有关情况，并加以记述。首先，他发现俄国与德国之间的矛盾比较突出。两国皇室之间虽曾有过姻戚关系，但难泯猜忌，多有利害冲突。其中重要原因之一在于德国首相俾士麦力图主持欧洲局势，将俄国视为俎上肉，企图加以宰割。由于矛盾的存在，两国的新闻界不断发表互相攻击的言论，为了对付俄国，德国与意大利、奥地利订立有三国秘约。德国在临俄边境布有重兵百万。其次，德国与法国之间矛盾也较深。两国过去在普法战争期间结下了夙仇，当时法国极欲报仇雪耻。德奥意三国秘约也是针对法国的。再次，缪氏也觉察到这时俄国与英国之间的矛盾开始暴露。俄谋印度和中国的西藏，威胁了英国在这些地区的利益，因此“英人之虑俄亦切”。

缪氏对这一时期列强向外扩张的态势也颇为警觉，在日记中记下俄国曾测我海口二十馀次，窃探虚实，侦采利弊。俄国又极力经营远东地区，将铁路修至临近我国东北和朝鲜的海参崴。此时，英国自缅甸修铁路至老挝，企图控制这一地区，并进而染指我国云南地区的矿产，缪氏称此举“英志叵测”。这些记述都表现了缪氏经世致用的思想和关心国家安危的情怀。

记述俄国国内局势及国情

缪氏在关注国际关系的同时，又具体了解俄国国内的局势，并加以记述。他发现俄国国内不靖，有四个“乱党”在活动，“乱党”其人甚众，有的提出易君主为民主的要求。他认为这些现象是由于贫富不均、国家赋税繁重引发的。俄国国内弊政丛生还有以下种种表现：俄皇为了观赏，大修苑园，从地方不断征发所需要的资源，这不能不引起地方官员的不满。军事上扩军备战，增设武职引起强烈不满，俄人常曰“其提督官如恒河沙数，宜可淘汰，岂可再增”。军事上的扩军备战必然在经济上引起增税的后果，既增加了入口税，又增加了丁税。据新颁的法令甲杂喀思比斯省的丁税增加到每户一年抽五个卢布。

缪氏在日记中又记述了俄罗斯的国情现状。为了加强对中亚和西伯利亚的控制，在这两个地区大修铁路，此举加强了各地区之间政治上、军事上和经济上的联系。黄金储备是一个国家财政上的重要支柱，缪氏对俄国黄金生产的情况及其产量做了仔细的观察，并详加记载。俄国石油产量丰富，缪氏对此也进行过记述。

缪氏还注意观察俄国和中国的贸易往来，他发现俄人有的商站从事与中国的茶叶贸易，但近年来从中国进口茶叶有所减少，其中一个重要原因是十年前俄土战争结束后，茶叶入口税增加了六十戈比，合中国钱三百文。商人感到加税使利润下降，于是不再过多从中国进口茶叶。这说明俄国的税收政策有弊病，不利于与中国的茶叶贸易。

记录俄国汉学家的成就

在俄国期间，缪氏与几位俄国汉学家多有往来，并记下他们研究汉学的成就。他在光绪十四年三月二十七日这则日记中记道：于圣彼得堡接触过汉学家瓦西理和格倭尔几耶甫司克。称瓦西理为“华文塾师”。〔按：这里提到的瓦西理即著名的俄国汉学家瓦西里耶夫院士（1818—1900）〕缪氏对他的汉学成就没有介绍，下面补述于下。瓦西里耶夫曾长期任教于彼得堡大学东方系，他俄译的《论语》编入彼得堡大学出版的《中国文选》第三卷。他还出版过专著《东方的宗教：儒、释、道》（1873）和《中国文学史纲要》（1880），此书被誉为“世界第一部中国文学史”。缪氏在这则日记中提到的格倭尔几耶甫司克即格奥尔吉耶夫斯基（1851—1893），缪氏对他的汉学成就在这则日记中记道：

> 其人能通十馀国文字，曾游欧亚二洲，在华数年，博览中国书籍，能晓其大义。赠所著译中学书一巨册，极称纲常大义为中国根本，又旁及古载籍。所读书则《五经》、《四子家语》、老、墨、庄、《列国策》、《国语》、《资治通鉴》、《三国志》、《路史阙里》、《文献考》、《太平御览》、《册府元龟渊鉴》、《函陔馀丛考》、《五礼通考》、《颜氏家训》、《温公家范》、《文公家礼》、《历代名臣奏议》、《古文渊鉴》、《经义考》、《毛西河全集》诸书。颇知考证古事，笃信孔孟。谈次，谓中国开辟最早，至今能守旧制，欧洲诸国所不及也。

这则记述，是清代文献中罕见的俄国“汉学”史料，兹逐项加以说明。格氏1868年，毕业于莫斯科大学历史语言系。1875年，入彼得堡大学东方系深造，1880年毕业，取得汉语专业硕士学位。后即来华。1881—1882年在俄商茶行供职，先后到过北京、天津、张家口、汉口和福州各地旅行考察。上引文中“在华数年”一语，即指此事。返俄后，继续深造，研究中国象形文字，结合人民生活进行分析，于1889年获博士学位。格氏离华返俄后，于1885年出版《先秦史》，1888年，又出版《中国的生活原则》，正文长达494页，他赠给缪祐孙“所著译中学书一巨册”，当即此书。该书附录16页，均汉文古籍摘编，故缪氏据此附录列举格氏“所读书”的详目。

缪氏还与彼得堡大学东方系的一名学生颗利索甫多有来往。

光绪十三年十二月二十日，缪氏记道：

> 夜，颗利索甫约观跳舞会。其人学馆中习华文者也，言其试多译中国理学书，如《性理精义》、《朱子全书》、《文公家礼》之类。随择一篇，命以俄文敷陈其说，又必兼习满、蒙文字。其书之合满、汉文者，半为康乾时官书，亦有私家所刊《西厢记》等。其译成俄文之中国书，则有古文《尚书》、《孝经》、《三字经》、《杂小曲》。于其案头见有魏源所著《圣武记》，华文石印颇精。又钞本《四库全书目录》第一百六七卷。

光绪十四年正月十七日又记道：

> 颗利索甫来，出所译满文《通鉴纲目》四五页，又蒙古文《杂说》二页，云将译《圣武记》，又欲借《海国图志》。出其塾师示诸生教一首，言中国之学，以三纲五常为重。又

分疏五常之义，约百馀言。文虽浅近，旨趣颇端。

这位“颗利索甫”，当时是彼得堡大学东方系汉满语系三年级学生。他向缪氏介绍的情况，对了解19世纪末彼得堡大学东方系如何进行多语种、多学科的“汉学”训练，有一定参考价值。

缪氏在取道西伯利亚回国时，经伊尔库茨克时，又曾晤儒士雅得琳侧甫，在光绪十四年十月十九日记道：

儒士雅得琳侧甫来访。其人颇矜，考古能言元之和林城所在。又云：土尔基即唐时之西突厥，阿剌伯即汉时之大夏；俄称中国人曰“喫台”，即契丹之音转；俄所称“萨莫咽特”，即乌梁海人。云有著作考悉毕尔事甚详。

按这名俄国“儒士”，当时任伊尔库茨克《东方评论》周刊主编，对悉毕尔（西伯利亚）情况颇熟。

缪氏在这些日记中，展现的俄国汉学家的成就，构成了中俄文化交流史中的重要内容。

俄游日记作为纪游文学取得重大成就

缪氏在游历俄国期间写下的大量日记，其中有对异域自然风光和人文景观的描述，构成了精彩的纪游文学。这些描述文字精练，具体生动，引人入胜，堪称妙笔生花。缪氏用中国古文，以白描的手法进行记述，别有风格，另有意境，是纪游文学上乘之作。试略举数例。

光绪十四年六月二十八日记抵巴库。

途经旷野，飞沙漫天。午抵八枯，地产石油，乃商业之最大者。产甜瓜，大可四五斤，味如哈密果。黄蜡李似槜李，而香味不逮，与蜀之垫江李正无异。市井多波斯人，土著则阿尔绵、鞑靼里为盛。鞑靼里剃发自顶至额，留两鬓。波斯人首戴黑羊皮帽，喜染髭须作赤色，马鬃亦然。其城滨里海，童山沙碛，雨泽甚稀。岁秋冬得数日甘霖，则人人称庆矣。天热至五十度，患暑惫甚。

这则描述，使当地水果特产、土著风貌、干旱炎热天气跃然纸上。

光绪十四年八月二十四日记过乌拉尔山。

轨辙东指，度乌拉岭四百六十五俄里，合中国九百三十里。地势渐高，松杉夹路。昔经此途者，讶其无奇峰峻嶂，不知天下各山，多于数百里外，跨州连县，负地而起，如游岱宗者，至泰安城已及山半，而行人殊不觉其高，必陟南天门，登日观峰，而后恍然于“小天下”之说也。

这则日记记下了乌拉尔山好一派高山峻岭的风光。将乌拉尔山与中国泰山联系起来描述，真乃妙笔生花。

光绪十四年三月二十四日记午游夏园。

午游夏园，俯鉴清池，行穿乔木，杂花列锦，弱草展茵，联裾挽臂，往来如织。出步河堤，则见鸭头皱细，雁齿排空，机艇如飞，乍起双鹭。小舟半渡，才受两人。忆十日前尚一片冰雪，今忽易观，惊心物候矣。

这则纪游小品，寥寥数语展现了初春季节生气盎然的景象。

缪氏描述人文景观的佳作也不少，例举如下：

光绪十四年二月初三记大好日（复活节）。

自初三至初六，为俄之大好日。家家食饼，男女逐队嬉游，歌唱酣饮，四乡之人辐辏。凡各跳舞会、旺乐会，趋之若鹜。巴拉干空地，特设会场，置秋千架，列剧馆，市种种戏具。学馆生徒，由教习携乘官车出游。街衢灯火千百盏，皎如白昼，达旦不息，各家门首皆悬旗。初七日以后斋戒，至四十日后，乃复举盛会。

此则日记生动反映了复活节这一宗教习俗的盛况。

光绪十三年十二月二十三日记斫冰成室和冰嬉。

室内窗牖、榻几、椅杌、灯檠、衾枕，一一皆冰为之。然樟脑于下，其光贯彻，瑰玮皓洁，真所谓水晶宫宇，琉璃柱栊也。观者咸称异，谓其国所罕见。必冰坚厚，乃受匠裁。考其国一千七百三十年（雍正八年），女主安那宜万曾造冰宫，是岁极寒，今百四十馀年，依旧图式，复成此举，可以征气候矣。俄人嗜冰嬉，此园一广厦，贮水使冻，妇人孺子，竞往驰逐，间以奏乐跳舞，美之曰“习劳”，实游戏而已。

这则记述令人有身临其境之感，所记斫冰成室即今日所称的“冰雕”。

光绪十四年四月十二日记操练。

巳刻，往其把勿洛甫坡尔克（即步队战兵一营），该营领队官是日齐集其兵，即所谓教场兵，日日备战者也。先观其距踊横木、缘梯、缘绳、跃沟诸艺，既观卧地放枪之技。其枪后膛式如毛塞子，皆本厂所造。操练于室中，则用打铜帽枪，其的长四寸，阔二寸五分，上绘一人，悬二十五步外。凡四枪皆中其身。又有圆如髀侯者，盖武职习枪所用，其中红心大如鸡子，外凡七围，能击中心者为最。馀依次记之。每岁七月，红村大阅枪法，准者给以双枪，式银佩，等于宝星。其的有列屏式，如中国之射鹄，中寸馀为正的，盖立而击之者。

这则描述逼真，给人以缪氏似曾亲自体验过打靶操练之感。

光绪十四年八月二十九日记游铁厂。

未刻，格棱果倮士以车来，约同游唯尔赫尼叶司克铁厂。其总办导观，矿质有赭色，有黄色，有黑色。冶炉用一层矿、一层木炭、一层生白垩，鼓之以机，汽管倾液入范，则渣滓从旁流出，旋凝如石，色类黛琉璃。以熟铁块炙红，就钢碌碡回环转压，其薄如纸。每生铁二十普特，至成片时仅十斤馀，故极绵熟，一再折叠，不坼不断。据称厥用最博，凡建屋幂箱箧，胥赖之。半发售于美利坚。其铁条方圜凡数类，皆屡经烧炼，圜径七八分者，既冷之后，尚能挽结，真所谓百炼钢化为绕指柔也。厂中兼造各器，如轮舟、轮车、马车诸轮轴、汽筒、汽锅。

这则日记所记的当为用近代技术炼铁的过程。从所记可见缪氏对冶金方面近代科技的熟悉，同时也反映了他观察的细致。缪氏对冶金方面近代科技的熟习又见光绪十四年九月初二关于官金炉局的记述，光绪十四年八月二十三日关于炮厂的记述，光绪十四年八月二十六日关于金厂的记述。我们知道清末出国的徐建寅在其《欧游杂录》一书中对西方近代科学技术进行过如实的记述，而缪祐孙有关记述的水平，不在徐建寅之下。

缪氏在纪游文学所以取得成就，是由于他有深厚的文学素养，加之他下马观花、观察仔细。他的纪游佳篇为中国近代纪游文学史增加了新的内容。

四、《俄游汇编》的流传及缪祐孙回国后的经历

据缪祐孙给其兄缪荃孙的信中说，他从俄国回国后在

呈总署的《俄游汇编》的抄本之外，考虑到入京后，要人会索观《俄游汇编》，便在上海面托李木斋所设之蜚英馆，属其密印数十部携带入京。① 到光绪十五年（1889）《俄游汇编》正式由上海秀文书局石印出版。据缪祐孙给其兄缪荃孙另一封信中谈道：秀文书局共印了四百部，他出资三百馀元，他本人仅得二百部，他曾令秀文书局交抱芳阁存百部，但不知是否兑现。缪祐孙在这封信中还对除自己所得之外的二百部下落不明，表示不满。② 后来，《俄游汇编》在光绪二十一年（1895）又由上海江左书林出版。《俄游汇编》的部分内容〔俄游日记、俄罗斯源流考、取悉毕尔始末记、取中亚细亚始末记、通俄道里考、俄罗斯户口略、俄罗斯疆域编（疆域表和舟师实开头部分)〕，辑入上海著书堂光绪二十三年（1897）出版的王锡祺编辑的“小方壶斋舆地丛钞补编”。《俄游汇编》也曾收入《清史稿·艺文志》的书目中。《俄游汇编》全书曾在台湾出版，辑入沈云龙主编的《近代中国史料丛刊》第 89 辑第 889 种（文海出版社 1973 年版）。

缪氏回国后即将《俄游汇编》呈送李鸿章，李阅后，对他“甚见推许”，向他“殷殷访问欧事，并及边亭诸隘”，赞扬《俄游汇编》“书陈御览，名满京曹”，其才能

①《艺风堂友朋书札》（上），第 244 页。
②《艺风堂友朋书札》（上），第 241 页。

"迥殊流辈"[①]。后来署理两江总督的鹿传霖在评论1887年海外游历史时，认为成书可观者唯缪刘数人，今籍知外事，全赖此焉。[②]（这里提到的"刘"即奉派游历英国、法国及殖民地的刘启彤，他写有关于欧洲政治的调查报告）总理衙门大臣于光绪十六年六月十日向皇帝上奏拟对游历使分别给奖，其中提到缪祐孙"采访精详，有裨时务"。[③] 后来，驻外使节薛福成在光绪十六年八月十八日的日记中，转述了这项嘉奖。[④] 薛福成读过《俄游汇编》之后，对缪祐孙提出的中国必须严防俄国扩张的主张，深表赞同。在光绪十七年十二月三十日这则日记中，写道："夫俄不有事于天下则已，俄若有事于天下，东则中国当其冲。"[⑤] 在清末注意到缪祐孙俄国之行的还有外交官钱恂的夫人单士厘，她在1903年从日本经朝鲜、中国东北到俄国旅行时，曾谈起当年缪祐孙横穿西伯利亚来到伊尔库茨克的经历。[⑥]

光绪十六年六月，缪祐孙"免补主事，以本部员外郎遇缺即补，并赏加四品衔"。不久，他因见赏于醇亲王

①《李文忠公尺牍》，第467页。

②《皇朝经典类纂》，第11569页。

③《总理衙门奏给奖游历人员疏》，《申报》光绪十六年六月二十九日。

④薛福成《出使英法义比四国日记》，第218页。

⑤薛福成《出使英法义比四国日记》，第338页。

⑥钱单士厘《癸卯旅行记》，岳麓书社"走向世界丛书"1985年，第699页。

载沣，调任总理衙门章京。到总理衙门后先任司务厅收掌，遂后派俄国股当差，又兼法国股。这样，他终于从事外事工作，得到了施展才华的机会。然而不料仅仅一年多时间，缪祐孙于光绪十九年中风，光绪二十年七月二日去世，年仅四十四岁，可谓英年早逝，时人多惜之，① 今人多赞之。

缪祐孙是近代中国第一个由政府派遣游历俄国的官员，他留下了详细的记录，圆满地完成了任务。缪祐孙胸怀大志，不把出洋游历仅仅当作一般例行公事，或只是游山玩水，以了解异国风情为满足，而是把此次游历活动，视为施展抱负的机会，并以记述著书来报效国家。《俄游汇编》贯穿的一条主线，便是以严防俄国向中国扩张为要务。

①《江阴县续志》，第775页。

缪祐孙俄游汇编□

光绪十三年七月起	启程准备
光绪十三年九月	上海启程
光绪十三年十月	抵意热那亚
光绪十三年十月二十三日	抵俄界
光绪十五年六月初一	离俄返程回国

□据光绪二十三年（1897）上海著书堂版“小方壶斋舆地丛钞补编”

□许乃征　李长林校点

缪祐孙俄游汇编目录

俄游汇编叙目

国家与泰西列邦讲信修睦，启关互市，交质信使，株离卉服，雅慕中夏，往来纷遝，积有岁年，凡我方舆土物，靡有不习，固车书混一之渐，共球式九之征也。然贾售止于境上，行人厥有定居。巨儒鸿生，徒钻故纸，摭拾旧闻，折衷胸臆，而道理回远，名号改移，风尚矜奇。机巧斗献，百数十载，彼都亦日新月异，今昔颇殊。兵家之言，贵知乎彼己。地理之学，首索其隘易。

伏遇皇上圣德达聪，柔远能迩，特命举游历末秩，幸与斯选。由本衙门保送总理各国事务衙门，考试取列第二名，于光绪十三〔一八八七〕年六月十八日带领引见，仰蒙朱笔圈定，旋经奏派游历俄罗斯国。于七月奉文束装就道，即于是年十月行抵俄都森比得堡。寒燠再更，舟车迭易，跋涉七万馀里，凡其境内山川险要，政治得失，帑藏盈绌，兵力厚薄，物产饶歉，户口众寡，俗习美疵，亲

考试第二派游俄国

历观览，爰度爰咨，谨纂《俄游汇编》，都为十二卷，敢敬叙其简端。曰：

齐相谈兵，审轘辕之险；唐臣矜博，成方物之录；孺才法阐梗概，贾耽图献华夷，五善微称，四达宏记，凡以佐夏官职方所掌，为虞廷益地之规也。

我朝自康熙初年即与俄罗斯修好，雅克萨一役以后，无复兵端，嗣是屡与定界易约，胥受羁縻，载在盟府。其国虽远逾万里，而东北、西北边陲相错，一再侵盗，实为勍邻。自《皇清四裔考》、《钦定一统志》、《通典》、《通考》、《会典》、《平定罗刹方略》外，述所亲历，惟图理琛《异域录》上下篇；其缅译全国大势，则林则徐之《总记》，魏源之《图志》，徐继畬之《志略》；其偶涉一隅，考订沿革又十馀家，而以何秋涛所编最为淹贯，经进乙览，蒙文宗显皇帝赐名，朔方备乘者也。

其国虽远实为勍邻

夫百闻不如一见，营平便宜之条，视影不如察形，新息验效之旨。窃怀缵辑，未跻方雅，成书仓卒，舛略实多，学识博通，弥惡前哲。惟幸都邑疆索，履迹间关，益以访求，颇获鸫实，证诸囊籍，微得论次。乌卵瓮而象齿门，敢侈微琐；山狮语而树儿笑，力祛诞妄。有惭太史，簪笔远驾辎轩；忝厕司徒，属官应识轮广尔。其书篇目，谨录于左方。

卷第一

俄罗斯源流考

汉时西域城郭诸国，半役属于匈奴。今俄一洗从前之积弱，以西域而并漠北，洵亘古所未有也。 俄并漠北亘古未有

前哲著书，或曰即汉之北丁零、坚昆、奄蔡，或曰即康居、大宛、大月氏、乌孙，或曰即条支，或曰即元魏时之乌洛侯，唐时之黠戛、骨利干。其称乌洛侯者，谓“侯”为“俟”之讹，以国名音转为据，似颇近之。兹细审彼音，称其国曰“噜西牙”，称其人曰“略斯格”。其崛起欧洲之酋，名“禄利格”。中国之言俄罗斯，皆自荷兰、英吉利人递译，讵免讹舛。按嘉庆十一年吴熊光等奏，查明略啞国来广贸易情形。略啞国即俄罗斯国。礼部则例亦有略啞之号，此皆就其本国语音译之，其音适合，盖“略斯格”三字，急呼之即成“略啞”也。窃考载籍， 俄罗斯为吐蕃之遗

验以闻见，断为吐蕃之遗，而实兼有以上诸地。（若《瀛寰志略》于欧洲西北各种皆称土蕃，未免失于考核。）

溯樊尼逾积石以开国，蚕食邻蕃以恢土，宇地方万里，历周及隋，犹隔诸羌，未通中夏。所谓万里者，实已在玉门、阳关、葱岭之外。近人谓俄崛于唐季，又云多土蕃宏士种类，又称为西底阿土蕃。其说出西人，当必有据。盖赞普贪嗜货宝，日亲华夏，全境人民不能相率，而至溢出散处，部落分析，遂蔓延欧洲荒僻之土。按《旧唐书》，吐蕃者秃发也，樊尼乃秃发利鹿孤之子，后改姓为窣勃野噜西牙，与秃发嗧斯格禄利格，与窣勃野，音实相谐。又按《后汉书》，西羌氏族无定，或以父名母姓为种号。今俄制，国中人名载时宪书，凡人家生子，择吉日所系之名命之，贵为王子，贱为奴隶，胥同此称。先代察尔之名，任其蹈袭，无所忌讳，投人名刺，系其父名，以识别焉。此亦一证也。

译其国八百六十二年暨一千有五十四年之图（唐懿宗咸通二〔三〕年逮宋仁宗至和元年），时大食最炽，亦未能介黑海而接希腊，绥林虽萌，尚难奄有穷发。其居波罗的海之东，以迄于乌拉山者，为可列纳族、唯屑族、蔑猎族、抚烈靡斯族、除缉族、撇栗翊族。其在波罗的海之南者，黎脱哇族、乌拉西族（即阿兰西之音转古奄蔡也）。其在黑海、里海之东北者，驼耳基族、别掣族、聂几族、喀杂勒族、郭索稽族、雅斯族、包尔嘉勒族。俄迫处此七族之西，初只斯拉完一族，边境沿黑海之西北，包

立国之初七族迫处

乌拉西人旋服之，拓境至波罗的海之南，收黎脱哇人，招芬兰人，乃始立国。

泰西人记载：谓勃尔噶利人本亚西亚民族，迁欧东境，以牧为业，五百五十九年与斯拉完人合兵，济大脑河，略马几顿、德赖斯，进入东罗马。考其时，即唐之中叶，东罗马属地实已暨黑海，而斯拉完族之与勃尔噶利俱由亚细亚迁往，固无疑矣。若夫拓跋者，古之赤狄，初号狄历，北方名为敕勒，诸夏以为高车、丁零，实北方匈奴之别裔。唐时党项羌有拓跋氏，即元魏之后，在古析支之地，臣属吐谷浑。吐蕃盛，渐逼内徙。乌洛侯即乌罗浑，又名乌罗护，亦北狄也，在今尼布楚南境。其自称魏氏先代石室，是拓跋出于乌洛之证，不得以近代之俄罗斯当之。魏太延三年〔公元四三七年〕西域疏勒、龟兹、乌孙、悦般、渴槃陀、鄯善、焉耆、车师、粟特（即奄蔡）九国，入贡魏主，方目为绝远，不欲遣使往报。今疏勒、龟兹、鄯善、乌孙、焉耆、车师、悦般皆入我新疆，而渴槃陀在缚刍河之左，月支在暗木河之右。（暗木河一名阿母河，即《水经》之妫水，唐之乌浒河，其上流即唐之缚刍河，入咸海。）条支城临黑海，三面环水，尝入安息，又为大秦、大食所并，后又沦于西突厥，称克雷木汗，至彼国一千七百七十三年，即乾隆三十二〔八〕年，始归于俄。 魏太延三年，西域九国入贡魏主

康居本国，在今之霍罕，初亦跨有欧洲地，厥后渐衰，在唐称康国与石国，皆臣属大食。是时大食东西万 康居本国

里，与突厥地相接。贞元中与吐蕃为勍敌，蕃军大半西御大食，故鲜为边患，则其人固不免为大食所降虏。洎大食既衰，遗孽崛起，适至懿宗之际矣。大宛至康居卑阗城千五百一十里，西南至大月氏六百九十里，其地当在今库尔干、萨马干之东南，俄人近十数年始得者也。

老羌之辨

至于吴兆骞谓逻察一名老羌，乌孙种也；何秋涛引汉时大月氏由敦煌迁妫水，与今之土尔扈特由雅尔迁额济勒河，谓行国转移无常。据元人王恽之说，断其为乌孙之后，不知乌孙至唐已极衰微，纵复迁徙，岂能逾里海而西？况《辽史》尚载乌孙入贡时，俄已自立国。若云入贡者，即俄又何为冒乌孙之名？谓俄人自称老羌，访之并无此语；即有之，亦不得定为乌孙。若以深目、碧瞳、黄虬为确证，则凡欧洲之人大半皆然，而俄之种类至为不齐。尝详观其图，绘先代汗像，又不皆深目、隆准、黄虬也。

元太宗曾拔也列赞

《元史》：太祖十七年〔一二二二〕进取阿速斡罗思康里（即古高车国）、钦察，太宗九年〔一二三七〕破钦察，并拔斡罗思也列赞城（即刘簪，其地在莫斯克洼之东南）。斡罗思即俄罗斯，然译音亦殊未确。今蒙古语言与俄实异，未可据以为准。且唐时西域有怛罗斯与康居，俱在今哈萨克右中部。（按准噶尔实姓绰罗斯，当即怛罗斯之讹。）元开莫府阿母河，地实相邻，或因音近，目其北皆此类，而以怛罗斯该之怛斡一声，至兀鲁斯、阿罗思、鄂罗斯，皆其译音之递转也。罗刹出于佛书，非俄罗斯也，其得此称者，乃噜西牙之音讹。诸书多专以悉毕尔之人为罗刹，谓为俄罗斯属部，已不考矣。阎若璩谓俄罗斯定非罗刹，不为无见。乃俞正燮犹傅会佛书，谓罗刹种人素与佛不合，自立天主教，当佛时，罗刹王名阿修罗，欺陵佛国，佛国深畏之（按佛国即五印度，当日距俄远甚），遇恶人恶物，以罗刹名之，皆假名，而与真罗刹无与。至今俄罗斯而极大其言，尤误。

罗刹非俄罗斯

前明晚季，俄始图悉毕尔，得头曼頑之王庭、坚昆、丁零、乌洛侯、黠戛、斯骨、利干、靺鞨、室韦之故墟，再则渤海靺鞨。俄称中国人为契丹，盖东海之夷，但知契丹徙中土，谓华人皆契丹。又西辽河中府，实近咸海，声气早通于康里钦察，如泰西人称东土为亚西亚洲，实以古亚西亚国概之。俄之知有中国，或由康里钦察，或在得悉毕尔之后，故亦称为契丹矣。自来国名族类，日久沿讹，大都如是。

前明晚季俄始图悉毕尔

当乾隆时，俄与土耳基争得黑海、里海北境，又攻取高架所诸部，浸假肄东南，汉之条支、安息、康居、大月氏、大宛，唐之怛罗思、吐火罗、千泉、石国（按石国即今安集延，《明史》称俺的干，《西域记》之赭时，在汉为大宛之北鄙）、东曹、中曹、西曹、米国、捐毒、休循、无雷、盘陀、难兜、护密、乌耗、安国、东安何国（即今霍占地）、史国、小史诸地，俱入其版籍。近时之厄鲁特、布鲁特、土尔扈特、哈萨克，皆心甘帖服，受其鞭笞矣！盖蕞尔小邦，久伦荒碛，帕首镳耳，分裂僭居，无复旧观。

黩武弄兵
罔识天道

俄人攘夺营构，行国变为土著，县度化为坦夷，岂天假之以明盛衰递嬗之理欤？脱竟昧利不顾，黩武弄兵，罔识天道，抑知华夷有截，祸福相倚，不戢自焚，有明征也。

译俄人自记取悉毕尔始末

悉毕尔
（西伯利亚）

悉毕尔古称广莫，其北沮洳，其南高爽，连山若涛，为之域坂，垤波衍于其中。有大水三：西曰倭别河，东曰野尼塞河，又东曰咧纳河，皆入北海。咧纳河距野尼塞千六百馀里（倍中国里），野尼塞距倭别六百馀里。地奇寒，岁盛夏如和煦，产皮毳。民种类非一，北惟游牧，性懦；南有部居，黠而强。

拓地筑堡
强输皮毳

俄历一千五百七十八年（明万历六年），俄人始有至者，以猎为生，与土人雅不协，时交哄，其汗伊万第四闻，遂欲以兵袭取之。考俄人之初至，结小村落，既而拓地，广筑堡寨，强土人输皮毳。暨一千六百年（明万历十七年〔应为明万历二十八年〕），有叶尔吗克者，缘避罪遁之悉毕尔，肇基托波尔，次得撇尔弥、裘冕、苏尔姑特及伊尔推什河左右地，在拉类穆筑一炮台，归告其汗，献所掠地，汗善之。

一千六百二十年（明泰昌元年），筑托穆司克、枯士聂慈，因乞尔叽子（即哈萨克。《元史·土土哈传》：还至和林，有诏进取乞里吉思，师次欠河，冰行数日，始至其境，尽收五部之众。按此即俄称乞尔叽子所自昉也）侵扰，筑二城以备之也。旋至野尼塞河，收其地，服图鲁汗人及满噶塞人。

一千六百四十年（明崇祯十四〔三〕年），图鲁汗人北徙东姑师，或往槎拿维雷；野尼塞人（《旧唐书·党项羌传》有野利越诗、野利龙儿、野利厥律儿，或即此种）亦渐南徙，至克拉斯诺雅尔司克。时乞尔叽子方与俄构衅，俄闻二族分道遁，亦分兵蹑其后，遇则勒索皮毳，至咧纳河会。二路俄兵，复自相争。事旋解，筑城而居，曰雅尔古特。又分兵为二路，一向阿尔丹河，一向北冰海，沿牙拿河岸，收攸嘎叽尔人。别一军往南，收倭烈克明司克。后遂由拜噶尔湖南，收乌金司克。 校正按：纪年之误加〔〕乙正

一千六百六十年（清顺治十六〔七〕年），一军循倭烈特河，一军循阿尔丹河，至阿穆尔会，略地迄海涯，（《朔方备乘》言：俄人自雅库进兵略地，于崇德四年直抵东泽荷噶斯海岸，由是收郭列穆斯科地，即谓此事。而时之先后既舛，即斯时俄亦未全收东海滨地也）由乌腊亚河归，筑阿勒巴廛城（即雅克萨）。阿穆尔（即黑龙江）以北地，悉为俄有。于是筑伊尔古茨克城，筑聂尔琛司克（即尼布楚）。 占黑龙江以北

一千六百八十年（康熙十八〔九〕年），得喀米楂德频海地（《瀛寰志略》称为冈札德加，又曰堪察加，形如大刀头）、枯尔伊利群岛（即古利群岛）。 古利群岛

一千六百八十九年（康熙二十八年），中国索阿穆尔地（按《平定罗刹方略》，是役也，自康熙二十一年始，至此乃与其使费要多罗定约立碑），毁阿勒巴廑城，遂与中国立约定界，还阿勒巴廑、聂尔琛二城。一千七百二十七年（雍正五年），与中国在布领司克（近恰克图，俄昔有守令）立约。

全俄分省

初，俄之纲纪未立。至一千七百有八年（康熙四十六〔七〕年），大比德始将全俄之地分省，以悉毕尔地为一省。一千七百三十一年（雍正八〔九〕年），于东海滨哦霍特茨克城设总管头目。一千七百七十五年（乾隆三十九年〔应为乾隆四十年〕），女主叶喀帖林，又分悉毕尔为三大省，一为伊尔古茨克，一为喀里湾，一为托波尔。是时规模粗创，条理未密，民多不受约束。

一千八百二十二年（道光二年），乃分东西两境，以野尼塞省之别诺雅尔地为界。西则托波尔司克、托木司克、倭穆司克为大省，驻托波尔之格聂拉勒固毕尔纳脱兼理界务；东则伊尔古慈克为大省，其格聂拉勒固毕纳脱主交涉事。一千八百五十四年（咸丰四年），于西边仙米帕拉停司克设一官，次格聂拉勒固毕尔纳脱，因守土者诛求乞尔叽子无厌，距托波尔远，靡所控诉故也。（盖地实哈萨克者，何时攘得，此记未详。）

与中国在瑷珲立约

一千八百五十八年（咸丰八年），与中国在爱珲立约。自此筑城于阿穆，曰布拉郭悦式廑司克，类省，而其制不备；设固毕尔纳脱一员，谓中国以此地相让也。频东海，又筑卜哩摸尔司克、尼颗拉耶务司克（即庙尔）；尼颗拉尤要，设固毕尔纳脱一员。

一千八百六十年（咸丰十年）在中国北京条约，将乌苏里河东至于海地，尽让于俄，建城巨务拉的倭斯脱克（即海参崴）。

一千八百七十五年（光绪元年），与日本定约，以海为界，以枯尔伊利群岛易萨哈霖岛（即库页岛）。

一千八百八十二年（光绪八年），以阿克模林司克、仙米帕拉停司克、仙米烈成司克（此数省即上所称伊尔推什河左右地。仙米烈即七河省，俄语“七”曰“仙米河”，曰“烈喀”）三地归并，设一格聂拉勒固毕尔纳脱辖之，驻倭穆司克；撤去托波尔之格聂拉勒固毕尔纳脱，而以固毕尔纳脱易之；倭穆司克亦然。

一千八百八十四年（光绪十年），以杂拜噶尔及阿穆尔皆归卜哩摸尔之格聂拉勒固毕尔纳脱统辖，旋移驻哈巴罗夫城（即伯力），以其地居水陆之冲，兼顾江海之隘也。（按：格聂拉勒固毕尔纳脱执兵权兼辖数省，其制实仿中国之总督。固毕尔纳脱专管地方，实仿中国之巡抚。然一省之地，实有不足当中国一郡者。细校之，正如总兵官及知府。）

侵占伯力要冲

谨论曰：汉有卫、霍之功，而匈奴却塞；唐经安史之祸，而吐蕃窥边。盖夷狄贪狡，时平则顺化，世乱则乘危，古今一辙也。当国初时，俄人虽至东海滨及黑龙江以北，实未敢遽谋窃我边壤。康熙初年，三藩变起，用兵南

时平顺化世乱乘危古今一辙

服，乃潜入雅克萨、尼布楚。迨我圣祖仁皇帝，挞伐用彰，问罪于城下，又以敕书付荷兰，谕之，彼即进表输诚，谢罪就抚，还我侵地。今译此记，言之无隐，且云二城并归，乃察罕汗遣使时命，固如是也。

伏读《平定罗刹方略》，大臣索额图等奏言，尼布楚、雅克萨既系我属所居地，臣等请仍如前议，以尼布楚为界，此内诸地均归于我。上谕今以尼布楚为界，必不与鄂罗斯，则彼遣使贸易，无栖托之所，势难相通；尔等初议，仍当以尼布楚为界，彼使者若恳求尼布楚，可即以额尔古纳河为界，仰见复帱深恩、绥集远人之至意；厥后遂以额尔古纳河为界。使当日索额图等坚执初议，彼亦何敢抗棱乎！

初议以尼布楚为界

自兹百馀年，彼悉毕尔诸城，虽极措画，而于我塞垣，实未能进尺寸。如乾隆五十八年，明亮奏，查明尼布楚、雅克萨，原委高宗纯皇帝谕，以雅克萨内属，尼布楚城属俄罗斯，圣训煌煌，弥严畛域，彼亦无不祗遵。凡此数约，藏诸典属，山台干河，千古不易，后之议界者，自应执与辩争。乃道光、咸丰之际，英人犯顺，继以毛贼内讧，中原多故，北兵南征，沿边斥候偶疏，彼因观衅而动，任意欺蒙，一再易约，遂以邻我。国家发祥之地数千馀里，画归异域，而东北江海襟喉，半为所据。其所建屯堡，与我吉林、黑龙江二省径途四达，俨若户庭，择伯力之地，镇以大酋，驻以水陆重兵，时更新其法令。又于黑龙江诸山，掘金开垦，移民以旷土，增船以兴商业。闻法

发祥之地画归异域

人据越南，英人据缅甸，则怦然心动，垂涎朝鲜，其贪念弥炽，狡谋弥深，我之防维，固有亟于宋室之经略西夏、明人之备御东倭者矣！

译俄人自记取中亚细亚始末

中亚细亚分西北为一境，东南为一境。西北兼沙漠、舄卤。东南多大山，白弥尔山（即葱岭）直接天山，判为中俄界。河曰希尔达利亚（即纳林河），介其东；曰阿母达利邪，介其西；二水皆入阿拉尔弥斯科邪摸咧（即咸海）。有湖曰巴尔哈什（即伊里湖），为伊里河所归，亦在西。

一千七百年（康熙三十八〔九〕年），希洼主山尼亚士，因布哈尔（即元时之木乃兮，或曰木剌溪）陵之，入贡莫司克洼，递书输款，大比德复书许之。一千七百有三年（康熙四十一〔二〕年），山尼死，嗣曰阿兰马蔑特，又致书投比德，纳其降，听两国通商。因闻其地产金，一千七百十四年（康熙五十二〔三〕年），大比德遣武臣布果利司，取道悉毕尔，径指叶尔羌，循阿母达利河求金沙。布果利司道死，托波尔之总管代领其众，进至濯尔啫伊推什，失道，止，遣使还报，命班师，即于所过筑三城，曰倭穆司克，曰仙米帕拉停司克，曰乌思奇哈毕诺果尔司克。

希洼入贡

遣武臣径指叶尔羌

一千七百十六年（康熙五十四〔五〕年），遣王爵撇科韦持车尔噶司克领兵，由阿母河、希尔河往临希洼、布哈尔，责其贡献。军距希洼一百八十里，希人觉，率部拒之，俄兵败，王没。按地势，俄与希洼中亘乞尔叽子诸部，希洼又与之昵，道路之梗塞，军食之不济，皆乞尔叽子之为之也。（于是见哈萨克右中部当日甚强，俄实畏而忌之。）大比德于是志收乞尔叽子，先遣使通好，许其通商不纳税，以利诱之。（所谓先欲取之，必固与之，北虏竟能知此。）

兵败利诱

一千七百三十四年（雍正十一〔二〕年），大比德卒，宜万立，乞尔叽子使命至，且纳贡，然俄民经其境者，犹辄受陵侮，遂筑炮台于倭连布尔克及倭木司克以逼之。乞尔叽子不惧陵侮如故，又于界外瓯脱建兵房四道，西曰乌拉尔司克，北曰萨马拉，东曰乌伊，东北曰萨克马尔。

筑炮台、建兵道以逼之

一千八百有十年（嘉庆十四〔五〕年。前此七十馀年，但时事侵削之计，未敢大起兵南向者，我兵方平青海，定新疆，诸回部大半内附，彼闻声威，故弭敛戢尔）得荒地于力尔颠克、伊烈克之间，曰吗列呵尔木，曰中吗列呵尔木。一千八百二十二年（道光二年），以吗列呵尔木之乞尔叽子皆属倭连布辖，其地统名倭纳达，割半隶悉毕尔。一千八百二十四年（道光四年）至一千八百三十四年（道光十三〔四〕年），始大兴开垦，建两炮台于土尔讫司丹属地，曰亚立克山，曰新亚立克山。

拓荒占地

一千八百三十五年（道光十四〔五〕年），于乌拉尔、乌伊两河间得地约宽六百馀里，周围四千里，归倭连布辖。又建炮台五，一曰英劈拉脱尔，一曰拉思烈，一曰宽思垣厅，一曰尼果烈，一曰米海洛（今名乌遵阿达，在里海之滨）。一千八百四十五年（道光二十四〔五〕年），于倭连布属之土尔该建炮台一，乌拉尔属之伊尔咭建炮台。 占乌拉尔乌伊两河间

一千八百四十六年（道光二十五〔六〕年），喀拉塔勒河之南，近伊犁边所属乞尔叽子，入俄贡献。一千八百四十七年（道光十六〔七〕年），于喀拉塔勒河之东乞尔叽子地，建阔跋勒城，将治其民也。又建唯尔讷城，其地直抵伊犁河界。当是时，中亚细亚地自北至东，皆为俄有，馀西南一角而已，与希洼、布哈尔及散处之乞尔叽子邻，三族时出抄掠，俄主决志取之。 唯尔讷城直抵伊犁河界

一千八百五十三年（咸丰三年），俄遣兵自倭布遵希尔达利邪河，步步为堡，建撇罗尔斯炮台。

一千八百六十二年（咸丰十一年〔应为同治元年〕），又从东遣一军由悉毕尔进夺霍罕三城，曰比时别克，曰托客马克，曰蔑儿克。一千八百六十四年（同治二〔三〕年），霍罕人因哈萨克受俄役使，攻之，俄合两军伐霍罕，迭胜，降其众。（道光二十二年，敖罕为布哈尔所灭，虏其酋长头目，遣使告捷，于卡仑乃不旋踞为俄所夺矣。）一千八百六十五年（同治三〔四〕年），二军又夺塔什干。一千八百六十六年（同治四〔五〕年）得霍占。一千八百六十七年（同治五〔六〕年）破布哈尔炮台， 霍罕三城 夺塔什干

雅尼苦尔干设土尔讫司丹，总管官格聂拉勒固毕尔纳脱。塔尔巴哈台以北，塔什干以东，并霍罕地皆属俄，总管驻塔什干城。（考中国西陲邻境叶尔羌，距阿富汗四十驿，距克什米尔五十驿，皆为葱岭枝干，横阻惟浩罕安集延，一路绝少隘塞，途径较多，今诸回部皆服俄，且闻内地叛回多薮于是，甚为所用，诚可虑矣。）

一千八百六十八年（同治六〔七〕年），南取萨马尔干（此城所居内地叛回约数百人）、乌尔姑特、偏擦干特，皆布哈尔地也。布哈尔遂与俄和，其军东南抵天山，西南抵几萨尔山，与布哈尔定界，留霍罕一城与其民居，其民怨之，潜通希洼将，与连兵叛俄，复所失地。

三路进兵问罪希洼

一千八百七十三年（同治一年〔应为同治十二年〕），俄发兵三路进，问罪希洼，一由倭连布，一由克拉司呐倭得司克，一由塔什干。三路既集，希洼败，乞盟定约，以阿母河为界，右属俄，左属希。又得地在咸海、里海间，分为二：一曰满叽什拉克，一曰克拉斯呐倭得司克。

遣兵灭乱派将征之

一千八百七十五年（光绪元年），霍罕人常叛乱，遣兵灭之，获其全境，名曰费尔干省。是时希洼、布哈尔之南，有土尔克绵尼人未服，恒出劫掠，一千八百七十六年（光绪二年）遣将司科别烈甫往征之。其人绝骁勇善战，银兜鍪、白甲裳，黑夜使人睹，不畏炮。俄之名将也至阿尔特克（其地四围沙碛，中有水草村落，俄名曰“呵仄斯”）收阿思哈巴特（即哈萨儿巴什东布鲁特部）、叽倭铁撇二地，归里海、咸海间，称杂喀思丕斯省，土尔克绵尼之地尽入俄，其小部落蔑尔甫时犹存（亦“呵仄斯”）。一千八百八十四年（光绪九〔十〕年），蔑尔甫亦降。（按：所称土尔克绵尼，即布鲁特蔑尔甫，当即厄鲁特之别部也。）

降服蔑尔甫

谨论曰：古之王者分九州，制五服，务盛内，不求外，故辽绝异党之域，苟自安其生业，不为边患，亦惟操宅中驭外之权，听其食息酣豢于其间，羁縻之以为外臣而已。顾势分则易制，势合则难服。彼犯谊侵礼，邪行横作，基民望恩幸泽，举踵思慕，则远抚长驾又乌容已！

势分易制
势合难服

汉初，胡虏披猖，通乌孙，招大夏，降南单于，而亭障无烽燧之惊。论者谓远交近攻之效，然而自时厥后，外夷皆艳羡中国，多请内徙。魏晋之世，中原纷争，羯、胡、氐、羌、鲜卑、柔然，蜂起鹘击，其祸甚烈，窃以为实混一之萌芽也。方唐盛世，拓地至广，突厥、回纥靡无怀畏，至称太宗为天可汗。元代之强，几扫荡西域，然唐所置都护府、受降城，但镇以猛将重兵，未尝经理其土地，持礼教信谊以化之，迁豪俊善良以实之。元建亲藩，率天性暴悖，不恤民隐，且无经世之略，仍其剽悍疏拙之制用，数百城之地，得而复失，终沦殊俗，非真彼苍以限华戎也。

中原纷争
混一萌芽

我国家剪灭噶夷，平定回疆新疆，收四大瓦剌，广幅员者数万里，其徼外诸回部，多以弱小怜而抚之。其去我边境稍远之国，曰希洼，曰布哈尔及哈萨克左部，妄自交通于俄。俄遂乘机而进，渐及徼外诸部，挟诈力以迫胁，

俄占中亚
之术

褚衣冠而伍田畴，驻以劲旅，布以猾商，既震以威，更诱以利，使城邑改观，驿路平治，度支之费，初浮于所入凡三倍，今则不及一倍焉。盖是地居葱岭西，古康居、大宛、乌孙、月氏故址，实近赤道，气候温和，虽间有沙碛，而肥沃之区，物产饶裕（如仙米烈、费尔干诸境所产粳稻，胜吴下长腰米。至于吉贝尤衣被无穷，果实亦佳）。通其估售，力其农穑，所获常丰，已为经纪，爰渐增其繇赋，以偿所费。又因回乱，窃居伊犁，后虽归我，而边鄙颇受侵渔。夫回俗浇诡，罔识顺逆，洵无以持长久。朝廷闵其小而字之，俄乃欺其小而并之，揆诸天道，亦安能恒有此土邪？吴越并而灭于楚，六诏并而入于元。近世英吉利营亚麦利加洲，后卒归于华盛顿。此中殆有天焉，亦不尽关人力矣！

俄乃欺小而并之

卷第二

疆域表上

俄肇基于禄利格，晚唐始建国诺甫果倮。特数传后，迭经篡乱，迁畿耶甫，迁务拉的密尔，又迁莫斯克洼。属元兵威胁，攘据名都，封建亲藩，垂二百馀载，仅存一小部落。有明中叶以还，兵力渐衰，雄材辈出，克收旧服，因而穷武，思尽飙锐以事之。狙伺邻交，鹯殴弱茶，披荆翦棘，垦辟荒墟，维日孳孳，罔有暇闲。彼德罗徙都森比得堡，擅黄海之利，与英、法、德、奥通商，惠工敬教，劝学制度文为微，特损益先世，实舍已从人焉。自兹以往，日臻强大，故其措置时复更革。或始立一省，既又离析礫裂；或始为数城，厥后归并；或虽小城为国险隘，爰改省治；或增益敌土，遽窜他名；或缘新造以其国主之名易之。曩所设施，多历年所。纠纷错杂，深难考核。就今 疆域源流所定次第胪举，撮其大势，则夸欧罗巴、亚细亚二洲（乌拉岭之左为欧洲，其右为亚洲），纵四千二百唯尔斯特（俄里名。中国之分寸尺丈，皆以十进一。百八十丈为一里。俄尺即英尺，以八分为寸，七尺为丈，五百丈为一里），横一万二千六百唯尔斯特。经度自三十七度起至二百有九度止，纬度自赤道北三十六度起至七十八度止，占地球二十五分之一，陆地六分之一焉。全国疆域方四十万有四千密律（法里名，合俄里七，中国里十四）。欧洲方十万，亚洲方三十万四千。北尽北海，东尽东海。巨浸如玦，环西南多陆界。在欧洲者与脑威、瑞典、普鲁士、奥斯马加、鲁梅宜、布尔噶为邻。在亚洲者，西则土耳基、波斯、阿富汗（阿富汗以额克斯河为界，界南为印度，界北则俄），包希洼、布哈尔二国（均已臣属为附庸）。东南接我喀什噶尔、伊里、塔尔巴哈、台科布多、外蒙古、乌梁海、札萨克图汗、三音诺颜、土谢图汗、车臣汗、呼仑贝尔、黑龙江、宁古塔、珲春、伯都讷、三姓、朝鲜。考其故封，方九万一千六百密律耳。递益芬兰方六千，波兰方二千三百十二，杂喀复喀思方三千二百八十四，中亚细亚方六万，悉毕尔方二十四万八百有四。欧

部省大概

洲凡四部，西曰波罗的海部，西南曰黑海部，东南曰里海部，西北曰白海部。亚洲凡三部，西曰喀复喀思部，东北曰悉毕尔部，南曰中亚细亚部。合之得大省七十七，小省十九。国都而外，名城五，不隶于省者二。冲要繁剧，与偏僻浇瘠，又自区别。所辖城镇大小县判。其险远如中亚

细亚、悉毕尔一督而率数省，乞请敷陈及政令条教，多取决焉。其攘地辄援人之种类与夫山川风俗之异而别标主名。昔贤采辑，间有踳驳，悉加订正，庶明沿流变迁之实。表系属城、山川、物产、炮台、兵屯，全界度数道里，杂考都会建置，条其大者，物产举其多者而已。又其女主叶喀帖离第一时，舟人白令寻得北亚美利加地曰监札加，已于二十年前易与美国，得五十万卢布，兹故不载。至译音清浊，唇齿之间，言人人殊。拉提托忒，弹舌转喉，遂至无文可代，强为傅丽，亦复难叶。中国南北方音已多舛迕，此固恰合，彼乃大歧。爰于都名、省名、城名汉字之次，增写俄文，用备审辨。其它琐屑，概从省略。

波罗的海部

康熙四十一年，俄取瑞典东频海地，建新都枕泥瓦江为治，与强邻逼处。所置诸城，皆屹然成重镇。当是之时，招集英荷才能之士，讲求制造火器，布勒兵法，勤习战舰，严饬陆军，虎视鹰瞵，恒思吞攫。乘瑞典查尔之亡，胁割海口大郡。嗣值波兰内哄，与德奥联兵，乘敝蹈瑕，暴露师徒，一再侵削，遂灭其国而有其二。遗黎思旧，后虽屡叛，竟以强武詟服。分建十省，驻兵栉密，以为西边藩蔽。数袭瑞典，割其芬兰，不恤广莫荒寒，特建八省，距叠岭层岑以限。戎马之足巩波西北。此欧洲诸国所以叹其形势，而莫敢轻忽者也。都城近畿，前人称为东峨。今准地望，芬兰海湾实斜入东南，其城近东者三，近

波罗的海

南者三，近西南者四，不得以东概之。芬兰昔皆浑举，间又特举一城，疏漏尤甚。顾军制或统于一，其他政教、赋税所属地，镇、村、堡划然，各有职守。剖析钩稽，庶获要领尔。（图表略）

黑海部

黑海部

俄人之得逞志于东南者，实缘女主叶喀帖林第二时，与土耳基称兵决胜，获黑海之殷富，又划诸小国，弱肉而强食，于是括其粮粟盐铁，以佐军储，因利乘便长驱远骛，开地万里。顾近海商埠利之所在，害亦随之。其民错集天方犹太暨英法德奥之巨商，五方辐辏，风气不齐。无事则酣嬉，有事则浮动。又南邻土耳基之东部，西邻鲁梅宜、奥斯马加，疆埸之事，一彼一此，偶有松懈，遂启窥伺。驭内防外，亦属匪易。如赫尔酸、他勿利二省所辖诸城，皆其最繁且要者也。可汗离宫，左贤别业，暇资游豫，亦用以填抚其民。春秋佳日，风物清美，凭眺其间，使人思土恋慕，盖后汉甘英所临之西海也。欲访驴分、苫国、泽散之存亡，而遗闻邈焉（案《新唐书》古大秦居西海上，一曰海西国。西海即黑海也。又曰：在苫西，北直突厥可萨部，西濒海，有迟散城，东南接波斯地，臣役小国数十，以名通者曰“泽散”，曰“驴分”。今诊其地势，当在阿速以东，而古迹沦灭，无从访求矣）。飞桥渡海，在古为奇。今之机艇飙驹，抑又胜之。而长梯百寻，岂即古人遗法邪？元祖起漠北，征蔑里，捣阿速，兵势之

巨商错集
风气不齐

强，摧枯拉朽，封狼居胥，更奚足喻。惜无丰碑隆碣纪述勋名，徒想像罴虎军容而已。综大省十五，小省一，大城三，兼白峨、小峨、新峨（即南峨）、大俄地。（图表略）

卷第三

疆域表中

里海部

里海部包大峨旧基

此部包大峨旧基。其近倭尔噶河之五省，俄人称曰泥作威，即《志略》所谓加匽俄，《总记》以为鞑鞑里之地，明世宗嘉靖三十九年始归俄。原云一千五百五十年，今考其国沿革图，实一千四百五十年，乃明代宗景泰元年，皆翦灭蒙回之境也。其东至乌拉山，所建撤尔穆省、倭连布省、乌发省，又行国衰替之馀所侵夺也。其开国初在西北邻邦陵侮，渐移之东，又渐移之南，既乃兼山泽之富，骎骎昌炽。如倭尔噶河、喀麻河，凡欧东亚西之货，皆由是转输。乌拉大岭产金银，实国之度支所赖，故至今以为根本重地，国之中原焉。居民杂匈奴、突厥种类，或未改游牧之习，然久施衔勒，悉就驯备，其性情亦大半朴僿。育六畜，勤百工，植二麦菽粟、红麻白苎，业鱼盐蜃蛤，五金玉石矿产，取不尽而用不竭。今复有增设省治于叶喀帖林布尔克之议，殆府海官山，其风泱泱矣。顾海道不通于大洋，山产亦挽运维艰。民食颇丰，商利较薄，惟以铁轨济其穷而已。凡二十一省。（图表略）

白海部

白海乃北冰海之一角，俄人于其港汊，辄以唇名之，即古所谓海滑也。极目寒麃，村墟寥落，丛木灌莽，兽蹄鸟迹，遍于四郊。自纬度六十五以南地，始宜麦，其实甘白。水程则绕出大西洋，与北亚、美利嘉通，能径达于瑞典、英吉利、法兰西。三百三十年前，其主伊万弟四时，英人成斯猎尔探路至此，始立埠市。是时出入诸货，一切无征，但许英人通商。洎比得罗时，乃重定税则，并任欧洲诸国贾舶入口，由是风气稍开，噩闷颇化，生民有赖，林总日滋。然帆樯往来，岁仅数旬。所载出者惟木惟鱼，是为巨产。值严冬，民多驱鹿车南徙谋食，故其地方二万馀里，只建二省焉。其旷弃不足垦治者，盖十之六七矣。（图表略）

白海部

卷第四

疆域表下

喀复喀斯部

有大山崒峍，波诡云谲，介黑海、里海间，由西北斜下，迄于东南，约二千里，即《魏书·西域传》所谓“两海之间，水泽以南，为一域也”，俄人称为喀复喀斯，旧译为高加索、高架所、高加萨，又曰喀卜喀山，即《唐书·西域传》之波悉山。长育番族，浇鄙犷悍。欧洲诸国自古视为域外大荒，无复畇睐。内诸小渠长盖数十。考西人记载，谓亚细亚北方有匈奴，三百七十年间徙西方，与亚兰人争其居。亚兰人住窝尔噶河敦河之间，料匈奴难敌，遂合为一。诊其地，当即此部。所谓亚兰者，即阿尔绵宜也。栖身穷谷，邃壑酣马，湩饱牛酪，安知城郭之固、兵革之利、关河之险、土地之富哉。波斯瞰其南，

喀复喀斯

高加索

土耳基瞰其西，俄瞰其北，两国力薄，羁縻以为藩属而已。俄竟枭克酋健，摧破附落，且于二国所已得者，扼其吭而出之饵，驱其民人，剜残其山骨。近数十年经营惨淡，于是大定。菁华迸泄，用利于国，而食其民。昔因部众梗顽，号难治其国，一千八百四十年于都城设喀复喀斯科弥阶特署，专理其事。前主阿烈克三德弟二之弟海米勒分藩于喀境。今因民俗渐化，其署已裁。凡分为十三省。山之南，自拔图穆以次，又别曰杂喀复喀斯。凡曰杂者，以后言也。自其国视之，则在山后也。《总记》、《志略》、《备乘》皆于此部多未详核。所称高加索九部，曰日尔日，曰诺尼阿，曰义米勒多，曰明哥里，曰是尔湾，曰纳希斯丹，曰亚巴西亚，曰萨加社，皆其地也。而译音讹转，不可究诘。其族曰喀撒克者，即隋唐时突厥之可萨部，所谓近西海与波斯、大食邻者，实此境也。勇敢善斗，七八岁便驰马如飞，用为骑卒，战屡克捷，遂衣以红甲裳，俾殊其式而威邻敌。他族之欲为骑卒者，得入其籍。而端河之喀萨克，亦颇著焉。俄主岁或一幸，以抚咻之。使王子遥领提督，以矜宠而鼓舞之。故凡有大事，俄主长子尼阔来必服喀撒克之衣。凡国之边要，皆驻喀撒克队。盖其矿产，远逊于悉毕尔，而赳赳武夫，足卫社稷，变如我中国之用锡伯索仑也。（图表略）

喀撒克族勇敢善斗

悉毕尔部

务广地者荒，务广德者强，有其有者安，贪人有者

悉毕尔即西伯利亚

残。汉世祖之言也。中夏贤圣之主，不欲讨伐戎狄，恢展封略，故漠北穷荒方万馀里，未尝郡邑。其部落，衣冠其旃毳，以震耀当时，夸示后世焉。夫以行国剽忽聚散，不执恒业，山川韫毓，无缘发舒，亦非造物者之意也。俄起欧洲北，适当胡虏衰寡，竟席卷而有之，疆理土地，械束人民，亦复大有规模。考其全境，至北极出地三十四度以南，赤道北五十六度内，始宜谷麦，馀多窝集泥淖，杉桦松栝，密植丛生，间以冈峦。盖积阴之地，木皮三寸，冰厚六尺矣。由西而东，约阔二千馀里，金银矿多于铜铁铅，皆采自乌拉尔山、阿尔泰山、达乌尔山、萨彦山、聂尔琛山、列纳河，岁可得金矿二千五百铺特（每铺特准中国二十八斤），银矿一千铺特。金沙出于支河者，听民淘取。黑白狐来自吞得拉，近南多灰鼠，岁可得一千万。丰貂往岁可得四万，近则二万馀。林捕熊獐，山猎麋鹿。业𣫍者集倭别河、伊尔推什河、拜喀尔湖、宰桑湖及频东海诸港。东海之鱼，潮汛大时，积压涌入，溢于沙岸，供鸟哺兽祭。阿穆尔河之鱼，大者至四百馀斤。拜喀尔湖有鱼名郭倮绵嘎，极鲜美，碎不易捕。浪激于岸，急收之，迟即融焉。此物产饶裕所宜详者也。其北之人二种，一本国，一他族。本国悉回民土著，他族曰伊诺啰特茨，其中游食于四方者，有定居窃掘金矿为生者，冬入林（即树林中百姓），夏徙之吞得拉。曰卧古累倭斯噶儿，善用水麻织布。曰萨莫咽得，即喀木尼堪（《黑龙江外纪》曰：索伦族类至繁，有敖喇都尔布喇穆等姓，布特哈、呼伦贝

疆域广阔物产饶裕

尔皆有之，在齐齐哈尔、墨尔根、黑龙江者寥寥。亦有流寓俄罗斯者，其国谓之喀穆尼汉，又谓之通古斯。盖罗刹作乱劫去者。是以喀穆尼汉与东姑师为一类，非也)，善刳木为小舠。以上三者，在也尼塞之西北。东姑师，古匈奴种族，或讹曰通古斯、侻俄斯，善服鹿，用如牛马。雅古特善养健马，马毛长，不畏风雪，虽奇寒，放诸野。又善熟皮张炼匕首，雕牛骨微器。曰科里耶咭，曰攸噶叽尔，皆柰玛尔之族，其性驯而质。曰杵克迟，凶犷难制。曰冈槎累，流鬼遗孽。以上六者，在也尼塞之东北，所谓食肉而饮酪，其人密理鸟兽毳毛，其性能寒者也。凡北方之民入城贸迁，以货物纳税，不取币。近南则游牧蒙古，亦分三种。其近拖波尔司克之南者曰哈萨克；其近阿尔泰山者曰喀尔梅儿，即喀勒玛克，乃准噶尔种类；其近拜喀尔湖之后者曰布猎特，即布哩雅特，与喀尔喀相似。此三种，皆以豢养牲畜为业。所豢马小而瘠，然绝有力，能越山超涧。本国人往者或自愿行商开矿，垦治田亩；或充马队之喀撒克，由国派驻及执枪为城守兵，为卡仑兵，予以地使耕而食，如中国屯田制。其以罪遣谪者，亦予以地，限满留屯。叶适之言曰：有民必使之辟地，辟地则增税，故其居可以为役，出可以为兵。俄其知此意乎？其罪重者充矿役，兼执杂贱工，多瘠瘁死，而国收其利。计岁遣诸囚至八九千人，以故善良少而奸蠹多，彼亦恃其使诈使贪之术而已。守土官又辄喜事贪功，中国边陲隐受鼠窃狗偷之患，有难以道御者。又案，悉毕尔或称锡伯利、西伯利，盖以伯力一地概其全土也。其称细密理、悉比厘、西卑里亚、悉毕厘阿者，与俄音略近。今细审之，实惟悉毕尔三字较准。闻诸俄之学者雅德琳测甫云：悉毕尔实鲜卑儿三字之音转。考《后汉书》，鲜卑者，东胡之支，光武初匈奴强盛，率以寇抄北边，及南单于附汉，北虏孤弱，永元中，大将军窦宪遣右校尉耿夔击破匈奴，北单于逃走，鲜卑因此转徙据其地。匈奴馀种留者尚有十馀万落，皆号鲜卑。以此揆之，其言非妄。（图表略）

中亚细亚部

中亚细亚

俄自获悉毕尔诸矿以致富，遂有志于军突、希洼、布哈尔，盖艳其地亦产金也。然阻里海、咸海，复间以沙漠，故其始极跋涉倥偬，桴革属鞬，毂马扬埃，劳师于远，伤败踵系，屡岁无功。厥后步为营垒以逼哈萨克之众，次弟侵蚀。至康熙三十馀年，以至于今，犹断断也。嘉庆年间，屯重兵于此，与英人争印度，始助阿富汗。嗣以阿富汗为英诱附，又与构难，虽未大逞，而中亚细亚之地盖十得八九矣。希洼旧疆，方五万八千启罗迈当（德里名，较俄里略小），今不及其半。布哈尔，方二十三万九千启罗迈当，今亦不及其半。俯首帖耳，甘心臣妾，乃俄志必狝剃而后快。今建铁路，已贯布哈尔境，将抵塔什干。穷力南趣，其坚锐不挠之心，且未释于印度。我之新疆诸城如伊里、喀什噶尔、叶尔羌及塔尔巴哈台，皆与之绣壤相错，或屏岭划疆，隔河为治。卧榻之畔，即觏敌

俄志必狝剃而后快

国，曩乘回讧，率众窃据，诡云代守，偿赀返地，复恣情割裂，其未敢遽梗者，缘我兵方大克捷，挈全胜之势，彼道涂绵阻，兵食器械艰于迅济，主客缓急相形胜负难必。亡何国内变作，民贼其主，上下惶惑，西顾之忧正切，东向之志遂馁。今乃继续前辙，登登冯冯，更欲窥我卫藏阿里。觊觎之萌芽，得不熟筹而豫剡哉。（图表略）

卷第五

铁路表

夫钩车曲行，用定两端；寅车先疾，进取远道。古王创制，咸叹其良。然易野车为主，险野人为主，利钝判矣。泰西哲迷斯哇特兴火车之法，其机括仿自轮艘，以英厂、德厂、美厂所造为最上。近岁比利时亦极讲求，价视它国贬省。案，火车之行，每一刻可二十馀里，尽其火力则又倍之。通国家之有无，济生人之日用，有过于轮艘者。若夫鏖兵境上，遇敌淹中，众寡相悬，气夺于未战，杀伤过当，目断夫来援。得此则全国卒伍数日可集，有恃何恐，胆力自增，其利一也。转输纡滞，动误事机；煮弩耿恭，幸资神箭，量沙道济，几坏长城；得此则炮械糇粮，朝发一令，夕充于垒；张拳负腹，可勿虑焉，其利二也。朱旂绀幰，劳百邑之供张，铁骑银刀，苦数道之骚

火车之行铁路之利

绎，得此则城堡瞥过，程限难渝，既省官钱，更蠲私累，其利三也。公侯贵胄恒惮于尘襜，开敏儒生辄揭于瓮牖，耳目狭隘，识论多迂，得此则一肩远适，两戒穷探，况瘁胥忘，山川能说，其利四也。涝旱偏灾，饥寒需拯，河东移粟，美曰尽心，雍西泛舟，视为巨役，得此则称贷千里可期以崇朝，指储万囷不烦夫薄笨，其利五也。遏粜屯膏，市估专利，载刍挽粟，漕运稽时，得此则五行百产之精流通罔滞，南船北马之力节缩良多，创始自官，获效愈厚，以辅电机之速，且避台飓之惊，其利六也。

或谓轴轳纷驱，小马坐敝，轻轩超越，驿落荒凉，游民失业，实为乱阶。不知道路平治，工役斯赖，行李便捷，征徒益烝。日数小停，地皆成埠。铁轨径遂借骑足而歧路分投，钟刻分毫待鸡人而仆夫识候（每停车处有人击钟报晷）。夜司灯火（沿途置灯通宵不熄），日负行縢，仰衣食者奚穷，需手足者甚众，矧声威迅达，师旅歘麕，荆棘锄耰，讵敢发难？城头子路，佥自敛形。纾困兴功，慑奸弭盗，皆在是也，岂有妨民之事哉？或又谓古人设险守固，阻溪为堑，今乃六通四辟，崄岨俱劃，虽曰便民，实恐资敌。有藉以逾界捣虚，直入其都会者，辙殊宽狭。彼专练一军，以易之质分厚薄，彼别率数队以破之，诚可危矣。然而用兵之道，执迫则贵勇，故曰将猛者胜，力均则斗智，故曰好谋而成，不尽凭依地利焉。若徒恃险，则亦与寇共之也。 铁路之利纾困兴功

俄国铁路经始其主尼可来弟一先由腹地通衢，渐推至 俄国已建铁路概况

边疆小邑，迄今四十三年。其欧洲境内参伍错综，已如鼋鼍牵丝，理致秩密，中亚细亚则颇疏矣。有自里海而南者，将由萨马干进至塔什干，悉毕尔路已度乌拉岭至裘冕，又欲于海参崴建置 以达海兰泡。由说木司克过伊尔古慈克，绕拜噶尔湖，至施特烈勤斯克，就黑龙江轮船。又欲从拜噶尔湖北向东至雅克萨特。举已成者表之，凡二万八千馀俄里。因其便利，故岁有增益。轨阔于它国约三寸，来者必于界上易车。车方箱如室枕茵华。泽国多林，莽火用薪。载人快车名“库力页尔斯克”，载货慢车名“颇赤托威”。（图表略）

卷第六

通俄道里表

中俄接壤，东西几二万里。卡伦鄂博凡一百馀所，间大山沙漠，实为天险。其不足恃者，旧新之界既乖，往来之路日辟。初定互市于库伦，厥后有塔城之约，有爱珲之约，有伊犁之约，随地交通，罔有隔阂。考诸书所称通俄之涂，大都举其崖略，鲜能详析，驿程考闻，湮启难易，今昔情形颇殊。又所述杂以外蒙古、哈萨克、厄鲁特、布鲁特诸语，转译淆误，更无准的。俄又于所侵割别易己名，意在遏诸族怀旧之心，且使识涂者为所迷罔，此不可不察者也。兹得其所绘彼国行军地理图，窥探极远，钩勒极微，就而译之。凡由我边陲能达于彼者，悉取录焉。若官路，若商路，若夏路，若冬路，若轮舟、水程，皆分注如左。（表略） 中俄接壤随地交通 俄之野心

卷第七

山形志

俄腹地平衍，四界崇山，西与普奥为界者喀尔巴特山，西北与瑞典为界者芬兰山，南则喀复喀斯山，西南屏黑海则他勿利山，东则乌拉尔山，皆欧境之关隘结束也。

四界崇山关隘结束

喀尔巴特山，居界内者一大干，其祖山在奥斯马加，入俄西南，经波兰境森多迷尔溜卑林之间，高二千五百尺，形特秀异。再南在布格普鲁特二河之间，环俄界土白色曰阿勿拉停司克山，产铁铅。

喀尔巴特

芬兰山以石为山骨，嵯峨厜㕒，瀑布飞梁，悬河注壑，其下平潭石沼所在布濩，沿芬兰之东，有大山迢递层峻，连环如锁练，曰曼哆里克。由是而南分两枝，一曰倭罗涅茨山，沿倭涅日湖之东，入倭罗涅茨境，故以名之；一曰挨思帖尔波特尼山，向西南分数小枝散漫，趋波罗的

芬兰山

海，其近海者名石克尔山，巅如削平，望之如砥，皆高二千尺，传闻当日诸山在海中，其巅殆海水荡磨使之然也。产铜铁，多青石，可作柱砌堤岸桥梁。

他勿利山在黑海北，群峰奔赴，矗立海中，水三面环曰克雷木，又名岩腊，横长一百五十里（俄里一合中国里二）。其峻者曰槎推尔达克，高五千尺矣。直耸穿云，横拖断雾。其南崖掀岫衍，异形奇构，难以辞拟。下拜达尔岭，则洞壑幽深，割涧延流，丛柯隐景。舞苍苏山，老松千本，如瘦鹤展翼，乖龙掉尾。崖际县泉飞漱，承以素湍，环涛毂转。逮其面海之区，因冈作台，依林辟圃，雕檐华宇，丹流锦镜，盖俄汗避暑之宫及其诸王汤沐之墅。产葡陶、文杏、频婆果，又产浅红缠丝、玛瑙。其埠曰鸦尔塔。迤东逾匪倭朵西，眉峰舒秀，横卧亚速海湾，曰切尔赤。近切尔赤之山，产石油，有浊温泉。其旁清泠，乃可浴焉。 他勿利山

喀复喀斯山即高加索山，由西北横截向东南行。自枯班河起至里海滨之阿蒲佘湾止，综一千里（俄里），横二百馀里。其山积雪蓄树，有岭高一万尺，其居中杰出三峰曰“哎里布儿斯”，高一万八千六百尺；曰“得合捣”，高一万六千九百尺；曰“喀思伯克”，高一万六千五百尺。晶室银阙，罩络群山之表。其次腾崟委波，颓崖截汉，质纯土鲜，丘壑溪涧，路旋折南，曰小喀复喀斯山，累碧点黛，丛丛插天。其尽处介俄与土尔其、波斯三境，曰阿拉那特山，高一万六千尺。单椒昂藏，下绝嚣浮矣。 高加索山

度山路有二焉：一由颠尔边特遵里海岸而上，一由倭颜诺格卢勤，是其中路，行军便捷，故曰用兵之路。乌拉的喀复喀斯与梯夫力斯止隔一山，脱造铁轨，当即此山，凿通其洞，约三十馀里也（俄里）。山多金石矿。又有密涅拉水，谓之自然水，实铁与琉黄之精，味酸，半温泉，浴乎其间，能除疾疫令人健。其北斜下为撇柰果尔斯克（撇柰，五也，其地有五峰，犹曰五峰域），所属地亦有自然水，尤佳，顾知者罕矣。产银、铜、铁。古时颗里奚德之地有金矿，八枯之山曰巴拉汗者，产脂泉，即石油也。掘井汲之源，汩汩不息，各城灯火胥取给焉。西接火山苏拉汗，其脉入海，浮耀腾辉，民就之以炼脂泉。山之东南横障里海，烟褰雪霁，倒影入波，俯瞰若画矣。小喀复喀斯山，古之火山也。其中煤铁之液蕴炽流溢，肄其暴裂风以凝之，其次窨之区有如冰筋，碎琉璃色，间青白黄黑，至今犹数见也。

脂泉即石油

中境山脉

俄之中境有两山脉，桄亘东西，时出小坡陀。一由乌拉尔山下撇濯尔河起，蜿蜒至波罗的海止，其名即曰乌拉尔波罗的，至诺甫果倮特境曰巴尔台山，高一千二百尺，有数河发源其地，俄人名曰阿拉文山。诸陂散泉，积以成川，清湍如委练也。一由乌拉尔山起处向西径达于喀尔巴特山，名乌拉尔喀尔巴特，至中间端涅慈河（即小端河）。其山产石炭，甚畅。乌拉尔山抗峰恒岱，偕岭岷峨，介欧东亚西有南斜行以至于北海滨，分三大起伏。一至赤道北四十九度，再至五十五度，再至六十度，长二千一百里（俄里）。其在赤道北四十九度，又分三大脉，左二枝由乌拉河东绕出，右一枝由倭嘎河向北，经倭连布境，名倭连该，其广袤南一百七十五里（俄里），傍出所隈河者四十九里，转北百有五里，或曲或直，经数名区，翼附群山，并拂霄汉，方八千密律（法里名，凡一里合中七里），统歧出小阜计之，方二万密律。其最高者一万六千尺（三千尺为一俄里），渐下一千五百尺。其北荒凉硗瘠，罔所长育。中数百里有曰宽槎颗弗山，曰迭聂日肯山，曰喀赤克纳尔山，曰帕付林山（又名大布里山），此四山左右多歧，高三千四百馀尺，其脉实基叶克帖林布尔克，盖地势高，峰崿不峻矣。其山饶铁，直以铁为骨，又产玉石、白金、黄金、石盐、宝石、墨晶、紫英石、子母绿、金刚石、孔雀石，俄人名曰马拉希特（伴铜而生，其色湛绿，盖铜所凝结也），铜质石炭，多密林老箐。

凡傍乌拉尔山者六城，皆设矿厂，计官厂二十区，民厂一百五十区，其城曰喀穆斯克倭特青（属唯亚特卡），曰自拉托乌斯脱甫（属乌发），曰撇尔木，曰薄郭思罗甫，曰果倮卜拉葛达集，曰叶克帖林布尔克。城各一长，专管山产，而以叶克帖林之长董之。乌拉尔之左为亚洲境。山自西而东，有固必尔岭，乌梁赅岭，至木喀札山下垂，为土尔该。乌拉尔二省之界，土尔该境，冈峦隐见，其大者曰吉赤山，跨阿克模林境，与五鹿陶山接。五鹿陶者形如五鹿来会，其左右诸山皆以五鹿名之，实非一山也。再东则布克达山，至仙米帕拉省，则库克托木山，下

傍山六城皆设矿厂

瞰巴尔哈什湖。其他坡坂叠叠，翳蔽其南。自伊尔推什河起，由西南而东北，在纬线五十度大山有六：曰阿尔太山；曰萨彦山；曰达乌尔山，达乌尔与拜噶尔自是一山，即金阿林元之东金山，由中国肯特山分支，今称其南诸山曰达乌尔，其北诸山近拜噶尔湖者曰拜噶尔，其实一山也；曰雅布伦山，即外兴安岭，皆与中国为界；曰斯他诺隈山；曰喀米槎德山，则东海之岩岸也。循阿尔太山而西南有天山葱岭，界中俄，为诸山鼻祖。

天山葱岭诸山鼻祖

俄人称葱岭为白弥尔，其南则雪山冰岭矣。近阿富汗界有阿富汗山，近波斯界有喀撇特山、阿尔泰山，俯伊尔推什河、倭别河，拔地一万二千尺、方三千馀里（俄里）。巍峰重岭，竞势争廓。近宰桑湖者曰库尔楚木岭，再北曰楚克楚特岭、喀尔宾山，又皆以阿尔太山为鼻祖。入中国者曰南阿尔太山，其枝曰赛留格木岭，及乌梁海之唐努山，嵲嵲称雄杰矣。阿尔太山有银矿、铁矿、铜矿、铅矿，其北有金矿。宰桑湖之南有雷克山，即奎屯山之西岭，元人所称西金山也。再南则塔尔巴哈台山，枕中俄边陲。费尔干之北为喀拉陶山、阿克赛山、巴达克山，仙米烈省则阿烈克三德岭，在伊西库尔湖之北曰恭吉，阿拉陶湖之南曰乞尔吉子。阿拉陶其脉来自天山，天山之东又名穆萨尔特山，广袤径二千馀里，实我新疆南八城之屏障也。布哈尔之东南则吉萨尔山、阿赖山，又东曰后阿赖山，皆葱岭之枝也。萨彦山包野尼塞河、泄楞格河，高一万一千尺，其半入中国，与滩奴倭拉雪山相望。昔产金，今绝。达乌尔山北临烈纳河，南临阿穆尔河，中临拜噶尔湖。分四枝：一堪帖山，又曰坑特山，阿尔琨河、施尔喀河绕之；二聂尔琛山，在泄楞格施尔喀之间，俄人称尼布楚为聂尔琛，此即尼布楚山，泄楞格河即尼布楚河也，产金、银、铅；三拜噶尔山，面拜噶尔湖；四哈马儿达班山，在拜噶尔湖之南，雅布仑山即外兴安岭。从阿尔丹河起曲折以赴东海，斯他诺限山直趣东海。峭石骞翠，阴崖压雪。喀米槎得山即甘查甲，又曰冈札加，突信入海中，有小火山焉。高者一万二千尺。至阿木尔省之万达岭，布尔新司克岭，又内兴安岭之别绪也。 尼布楚河

谨案：凡言山者，必举其大势，明其起伏，而本末崇卑始判。今以身所践历，又译俄人所著地理书，参互考证，删其繁芜，弟其先后，乃知俄居欧洲上游，而视中国殆仰之弥高，真所谓蛮夷者，天下之足也。盖葱岭为地球西半之脊，俄境大山，皆葱岭之枝。中国则枕其脊而有西南中三干，地盘独隆，故唐设瀚海都护府，领金微等七都督以控制回纥，元开幕府阿母河，建藩萨马干，以控制西域。今俄地虽渐逼，而我之形势未尽失，西保新疆回疆，中辑外藩蒙古，严武备于库伦、乌里雅苏台科布多，东固东三省门户，亦足拊背扼吭，使不敢逞。然其山岭沙碛之隘塞，必得边亭将佐躬自履探，绘图讨究。一旦有事，乃能审择其要，遏抑其冲，固非空谈所能卒事也。其平坡小阜，随地异名，无关乎边障者，皆已载疆域表中，此但挈领提纲而已。何秋涛之《北徼山脉考》极为繁富，然递 中俄大势我之对策

译之名不无复误，刺取以询俄人，多不能晓，是殆有益于史学而于时务犹隔阂者也。

水道记

俄虽表海，实陆地之国也，师船商舶，遥涉大洋，越国鄙远，辄经险隘，如出黑海至地中海，则有他大尼峡阸之，出波罗的海至大西洋，则有加底亚峡束之，多方纡回而后畅行，殆鲜直捷径遂之便也。二百年前比、德、罗得波罗的海、黑海，与各国通往来，商务渐兴，备御亦密矣。波罗的海即耶麻尼海，又称曰洲中海，普人名曰卧思得仄，犹言东海，自其国视之，正东方也。其西岸数口曰波特尼湾，曰芬兰湾，湾之尽处分一港曰克鸾石他特，一曰梨噶湾，由波罗的海向南于芬兰湾之下，海水激打岸倾成平沙数道，水浅不能鼓棹。芬兰波特尼两口有暗礁，海中之岛曰艾节梨，曰莫勒。在梨噶口曰达郭，曰倭尔穆思。近烈威力城曰阿兰群岛，在芬兰口外芬兰湾内有岛曰柯特琳（即克鸾石达得），曰葛和南，曰别略作维梨噶。湾内有岛曰奴儒。波罗的海水不甚咸，因诸河水流入洗之，遂淡，然舟楫久浸易腐，载重辄沉，疑即古之弱水也。春融雪消，河奔腾而下，委入大西洋。夏秋水落，外海之水倒泻而入，卒然漫涨，故比德堡常患涝。其污浅之地及岛屿横峙，遇大西南风，舟过甚险。其海口商估稠集，国内之货运至，由各国贾人接运出境，惟天寒恒冻，

波罗的海古之弱水

商估稠集

行舟岁仅六月耳。吻他洼、里巴洼二埠，地气略和，四十馀日冰即解，或竟终岁不凝，未易觏也。若周海冻合，亦百年一二见而已。产鱼味美，瞰人实蕃。又产琥珀，为他海所未有。罗马之菲尼几人、喀儿法干人曾操舟冥搜博采，罗马人见之，飞艇迫逐，喀儿法干人觉之，潜移诸物入小舟，系于后，故将大舟放至有礁之所，彼舟追及，遂并撞沉云。《坤舆图说》曰：波罗尼亚其属国波多理亚地海滨出琥珀。是海底脂膏从石罅隙流出，初如油，天热浮海面，见风始凝，天寒出隙便凝，即谓此也。

俄踞黑海之北，其岸卑水潋深，冬夏不增减，中无岛屿，北绕克雷木山，东倚喀复喀斯山，舣舟鲜大埠，春秋昼夜均气候寒燠适时，然甚风三冬，近西北岸赫尔酸省所辖埠曰阿叠萨者，冻四十馀日而解。若克雷木之些洼斯拖坡立粜倭朵西切尔赤，则终岁无冰，产鱼亦富，有鲟鳇、石首、鲂鲤诸种。其北少海曰亚速，即《内府图》所称谟额底鄂模，《坤舆图》作墨阿的湖。切尔赤埠在亚速海，通黑海之汊，其希洼石湾形剥蚀如枯荷，盖俄人称为格泥落耶，译曰糟朽海，即以尼加利海也。亚速浅但行小舟。里海南属波斯者五分之一，馀属俄。东北水浅，虽有数口，巨艘不得入。西南水深，亦乏好埔，商旅不繁，以其近沙漠，罕富庶之壤，货物艰于贾售也。若喀复喀斯，若中亚细亚，一航径达，行李便焉。水多鱼，其东产大红鱼、鲟鳇、鲥鲞，有曰邪勿溜嘎，大如豕，有曰肆铁尔猎鲫，锐首狭身，味极鲜，小鱼取脂用，如中国之桐子油，

终岁无冰
产鱼亦富

兼入药。其西有数岛曰秋连（即海狗名），曰热诺叶，皆产海犬。北冰海在俄之极北，其西南一角曰白海，可行舟。猎长鲸、海犬者，乘夏令冰释往焉。产鱼曰特猎思噶，曰西倭木噶。其拉破阑半岛木尔曼岸产鱼曰写利几。其东哈喇海近亚细亚境，冰厚，积块难消。近有数人探路至野尼塞河入海处，有岛曰喀里姑叶甫，曰畏噶赤，曰诺威邪哆米猎（即新得地），此数岛人迹稀少，禽鸟蕃育，或往采取乌毳以市于诸国，用实枕褥，轻暖愈于吉贝。近南之沙罗维茨岛，村墟三五，略见炊烟。东海旧名堪察加，直北曰别霖果甫，其在喀米槎得之内。稍南曰莪霍茨克，即荷葛斯。又南曰日本海及中国之勃海，商务在日本海，然终未振兴，频海居民亦鲜，近迁欧洲之民以实之。

欧境诸水发源流派

其欧境诸水多发源中介诸山。北入北海、白海，西北入波罗的海，西南入黑海、亚速海，东南入里海。入里海者，其流经行之地占方四万密律（谓之巴协阴）；入北海、白海者，其流经行之地占方二万二千密律；入黑海者，其流经行之地占方二万密律；入波罗的海者，其流经行之地占方一万九千密律。其初开国，行师用众，往往顺流而下，因以致捷，得辟广土。入北海之水，自东及西，曰哈喇河。其流细曰别濯儿河，大水也，纵一千六百里（俄里），然商舶罕至，至者惟载取诸山林材而已；曰多威尔诺耶得（犹言北也）维纳河，其源西出枯频斯该湖、苏荷纳河，南会幽嘎河，东会胪轧河，东北会委撤格达河，古昔称繁要，俄人懋迁之区，至徙都比得堡，其商铺多废弃矣；曰倭业格河，沿岸密林森秀，老木千章，工师萃之，或即其地刳木为舟，或结巨筏放入白海，运之他国。曰蔑接宜河，曰可拏河，曰他拏河。

入波罗的海之水

入波罗的海之水，分南北两派，其北则拉多日湖，又曰剌多牙湖，纵一百九十六里，横一百一十九里，流入泥洼江，分二支。西流贯彼得堡，委入芬兰湾，计行六十里。入拉多日湖之水有三，曰肆威尔河，导源倭罗涅慈湖；曰倭尔霍弗河，导源伊利明湖；曰叙肆河，出诺甫果倮特境。拉多日湖恒有大风，小舟遇之甚危，特浚一引水河，以便其行。倭罗涅慈湖，纵二百二十里，横八十里，水入肆威尔河，有石如门槛，其旁白湖轶为韦铁格拉河，亦归倭罗涅茨湖，可行大舶，顾其中亦有石如槛，又风浪奇险，行旅惴惴，乃别开引水河焉。伊利民湖纵四十里，横三十里，入倭尔霍弗河，有三水会之，曰穆思榻河，曰罗洼奇河，曰设鎏宜河。顺罗洼奇设鎏宜度湖至倭尔霍弗河，遂达比得堡焉。由穆思榻河必涉引水河，未能径度也。赛马湖在芬兰界内，乃聚列小泊约二十馀区，纵四百里，横一百三十里，其水由倭格萨河归拉多日湖。赛马湖风景绝佳，瀑布悬流厥高五丈，俄人名曰伊马特纳，顾其地樯帆鲜通，开引水河而舟始入矣。布斯果甫湖、初多日湖，其水皆入讷罗袜河，以归芬兰湾。二湖之口，亦有悬瀑，舟楫辟之。湖饶鱼。其南杂拔得（犹言西也）维纳河，由特威尔发源，西北流入梨嘎湾。其河春涨可行舟，夏则自的拏布尔克以下多浅滩矣。他若蔑日阿河，倭布佘河，喀斯布纳河，勿腊河，吻他洼河，方春，棹小舠可游焉，其水漫流播各小口入海。涅扪河由明斯克发源，绕至普鲁士界，入枯里什噶复港。维思拉河由奥大利发源，经俄界六百里有枝流，由拉猎河南趋西布格，合维思拉，越普鲁士界以入海。

入黑海之水曰涅卜尔河，发源于嘶马连司克，近倭尔噶、西维纳，两河之间，行一千八百五十里。盖俄之欧洲境内凡三大河，一倭尔噶，二多脑，三即此水也。沿左岸有叠思讷河、邪摩河、苏腊河、孛雪河、倭尔思克拉河会之，沿右岸有别烈齐讷河、朴里撇齐河、帖帖烈甫河会之。自克烈明初克至阿烈克三德，中多石滩，盖挟十二省之水趣于海。其能行舟者，凡六千里。端河由图拉发源，至亚速海，一千三百五十里。沿左岸有倭罗涅慈河、霍撇尔河、芈得唯底擦河、伊洛勿犫河、萨尔河、马耒笆河会之，沿右岸有琐思拉河、端涅茨河（即小端河也）会之。端河最浅，虽春涨不能棹巨艘。在俄奥界者，有普鲁特河由奥境发源者，有涅斯特尔河。自西入海，又有布格河，汇鹦姑尔河入海。萨勒几尔河，由他勿利山发源，北流入阿速海。枯班河由喀复喀斯山出向西流，至塔们岛分为二派，一入阿速海，一入黑海。梨渊河由喀复喀斯山出西流入海。七水皆微，故略焉。

俄在欧境凡三大河

入里海之水，其大者曰倭尔噶河（即额济勒河，曰佛尔格河），由特威尔省之阿拉文司克出，纵三千四百八十里，汇八千五百里之水合之，得枝流二百焉，其间五十可行舟。沿左岸之大者，特威尔杂河，模罗嘎河，佘格思讷河（由白湖溢出），思得勒马河，温惹河，唯特卢嘎河，喀马河（喀马河右会惟亚特卡河，左会出所隈河、别拉耶河、乌发河），撒马拉河；沿右岸之大者，袜阻杂河，柯拖罗犀立河，倭嘎河（倭嘎河左会莫斯洼河、克敛齐麻河，右会模克沙河、次讷河），苏腊河，西维亚噶河，萨尔巴河。倭尔噶发源处高一千尺，郁夷而下，其流徐，极深者一百有五尺，极阔者四，唯尔斯特汽艘驶焉。右岸多山，高七百尺，左岸弥望平壤，春水发生，漫延可三十馀里。由萨尔巴达阿思特勒汗入海，有阿赫图巴河傍之。行中二百馀枝，左右通贯，碎流瀑瀑，内有最要者二：左曰布簪，会各水处曰蓝海；右曰巴赫帖密尔，其水深至千馀尺，入海处阔二百里矣。乌拉尔河由乌拉尔山发源，纵二千唯尔思特，水浅，径入海。枯马河其旁多小溪，发源喀复喀斯山，行三百馀里，东入于海，春汛夏竭。接烈克河发源喀复喀斯山，行四百里东入于海。枯拉河发源杂喀复喀斯，东南入于海。阿拉克斯河由波斯界东流至俄入海。阿特烈克河发源波斯东境，西至于海，右岸属俄，左岸属波。

中亚细亚之水分东南一派，西北一派。西北有恩拔河，发源于乌拉尔山之枝穆喀察尔岭，西行三百五十里入里海。伊尔咭子河亦由乌拉尔山出，东南行四百里，入掇尔喀尔湖之北一大泊而止。土尔该河出土尔该境内与倭克摸林分界之山，东会喀拉土尔该河，西流约三百馀里，会 中亚细亚水分两派伊尔咭子河入泊。撒尔苏河乃沙漠碎流所集，西南行约五百馀里止。拖波河亦发源于土尔该境。东南之水曰伊犁河，由中国之天山发源，西北行七百馀里，入巴尔哈什湖（即伊犁湖）。其东南曰喀拉塔勒河，发源阿拉陶，行二百里。列菩萨河发源列菩新城，行一百五十里。东北阿牙古河发源塔尔巴哈台岭，行三百里，绕叶尔吉城。皆入于巴尔哈什湖。储河由阿烈克三德岭出，西北行七百里入一大泊。撒里苏河发源阿克模林境，西南流四百里入扫马尔湖。阿烈克三德山南有伊西库尔湖，又名特穆尔图淖尔。又有水曰希尔达利耶，由俄境天山发源，曲折而下，纵一千里，其上流即纳林河，会于费尔干省之马尔格兰，又分向西入咸海。阿母河即暗木河，俄名阿母达利亚，发源阿赖山，向西北会布哈尔诸水入咸海，纵一千五百里。二水皆在葱岭之西。杂拉匀山河亦由天山之吉萨尔岭发源，西流入布哈尔境四百馀里。巴尔哈什湖纵六百里，横六十里。伊西库尔湖纵二百五十里，横六十里。悉毕尔之大水皆入北海，惟阿穆尔河东流。其西发源于阿尔泰山者有二焉，一即山泉喷泻聚成奔流曰喀吞河（即魏源所称出大布里山者。案此即哈屯河，何秋涛谓其入额尔齐斯河，非也），一由切烈慈湖（一名阿尔泰湖）轶出曰比牙河。两河会于毕斯克城，同归倭别河。倭别即阿被大河也。经毕斯克、巴尔讷、乌勒托穆司克、拉类木、苏尔姑特，行三千里，入于北海。由右来会者曰拖米河，曰褚林河，曰克乞河（即《异域录》之揭的河），发源马科弗司克岭，曰

东南之水曰伊犁河

发源阿尔泰山有二

托穆河，曰洼合河，喀西木河。由左来会者曰伊尔推什河（即厄尔齐斯河，《元史》称曰叶尔的石河），其水亦发源阿尔太山，趣宰桑湖，再由湖轶出，二千里经仙米帕拉停司克、倭木司克、拖波尔司克，乃会倭别河焉。伊尔推什之右会布合他拉河、阿弥河，其左会伊什穆河、拖波尔河。拖波尔河经拖波尔司克城，有导源乌拉尔山之水曰他勿达河、衣摄提河、土拉河（又曰秃拉，与土谢图汗境内之土拉河名同而地异），皆归之，合倭别河所汇之水，地方六万四千密律。倭别河之东有大河曰也尼塞河，《内府图》作惹尼色，或作因尼亚，或作日尼塞亚，其源有二：一出中俄接界之萨彦山（即塔奔们都尔罕阿林，由中国杭爱山分枝），南面曰伯克赫穆河，又曰贝克穆河，合华克穆河入大克穆河；一出中国乌梁海之乌鲁克赫穆河，又曰罕腾格里河。二河汇大克穆河北趋也尼塞，出界三千里，入于海。左则毕斯克尔之阿巳堪河会之，右则喀拉河、上东姑师河、中东姑师河、下东姑师河会之。上东姑师或曰安噶拉，出金阿林南麓，即撼合纳，亦即昂可剌，皆译音之转，今之水名，昔之部族名也。山北所出之水曰古尔班孟讷斯河，曰罕河，曰噶们河，皆注于昂噶拉。其水性温，冬日冰初结于下，天虽祁寒，必长至节后流澌成箸乃冻合焉。中东姑师或曰额特喀珉。三水皆出达乌尔山。上东姑师穿拜噶尔湖而出。拜噶尔湖（即白哈尔，又曰柏海尔）纵六百里，横六十里，深四千二百尺，机艇行焉。北有巴尔古情河（即巴尔古锡木河，其源出

也尼塞河其源有二

金阿林西）、安噶拉河归之，出中国界内乌里雅苏台之泄楞格河，亦入之出聂尔琛之乌达河，又入泄楞格。泄楞格之源，一曰楚库，又名塔米尔（出杨阿林），其左会鄂尔坤也尼塞河上之城南有米奴新司克，稍北克拉司诺雅尔司克，也尼塞司克，又北图鲁汗司克。安噶拉河上有城曰伊尔古慈克，近拜噶尔湖西北岸。拜噶尔湖之东南色楞河上有城曰上乌金司克，诺倭色楞庚司克，土洛罗伊自喀萨勿司克。又南曰恰克图烈纳河，亦大水也，又曰列纳色钦，由拜噶尔山（案此即金阿林，元之东金山，自中国肯特山分支东北行）发源，东北弯环行四千里，其源阔一里，至倭烈克明斯克、雅古慈克以下阔至十里，其入海处至二百里。所会众水地方二万密律。其左二水横入，南曰槎拏河，北曰维雷河。在伊尔古慈克境内，达乌尔山之北发源，约东行一千七百里。其右六水，曰吉连嘎河（即集林噶河，出金阿林北麓），发源拜噶尔山，傍吉连嘎城；曰倭烈克马河，发源雅布伦山；曰唯吉穆河（即卫底穆河），出聂尔琛司克山；曰阿尔丹河（又名傲尔当鄂尔登，即乌底河也）；曰马牙河（即马雅河，出金阿林西北麓）；曰阿木噶河（即马尼噶河），亦出雅布伦山。其源皆在乱山中，岸高者四百二十尺。其入北海者，由西至东又有哈当格河奄巴拉河（即阿纳巴拉河，出金阿林东北），倭列聂克河（即伊斯鞠郭特斯都克河，出金阿林北），雅拏河（即阿拉萨纳河，出金阿林北），因寄吉尔嘎河（即音底日尔噶河，出金阿林北），肯擂马河（即郭列穆玛河，出金阿林北），傍岢擂马城阿拉堆河（即阿纳巴拉河，出金阿林东北），皆小水也。阿穆尔河（即黑龙江）在中俄界上，导源中国之额尔古纳河（俄名阿尔肱，穿达来诺尔湖而出）。又俄境之什尔喀河（即什勒尔河）。什尔喀之源有三，一出中国之鄂伦河（即傲嫩河），俄境之阴葛达河，聂尔槎河。聂尔槎之源南流出雅布仑山。其二东北流阿穆尔，能行舟者可三千里。左岸由西而东，则有节芽河（即锦衣里江，又曰精奇里河）、色连札河、卜里牙河（即格尔必齐河）、阿木肱河（即恒滚河）会之。右岸则有中国之松赅里河（即松花江）、穆林河、乌苏里河会之。北趋混同江。又东入于海东近珲春之绥芬河，导源中国宁古塔，自入海。烟痴河，一曰岩杵河，即汉济河，又曰举尔和河，近土们江东南入海。土们江出中国之长白山，东北流经朝鲜与俄境相望处入海。冈槎得河发源冈槎得岭，自入海。 什尔喀河其源有三

谨案：凡言水者，必先探源竟委，使脉络分明乃晓。然地势高下，道涂险夷，俄境诸水身所经行，已得其半，爰就俄书之言水道者译之，撮取崖略，实以耳目所及，分条而叙次焉，庶几枝分脉别，得所指归。其他微流绝港，不通舟楫，可涉而过者，已录于《疆域表》，故不赘述。昔人书中名称或异，半缘译音未合，确知为一水，则注于其下。其重末轻本，方隅偶乖，及繁复傅丽，靡所征印者，知闻谫陋，未能悉辨，一以彼国之书为的，俾合于当时之用云尔。 探源竟委脉络分明

卷第八

舟师实

竞治舟师
英法领先
俄失拙迟

欧洲诸国，竞治舟师，纵横海上，惟英法能驶数万里外，战胜攻取，所向无前。俄于制造，虽落牛后，亦复极意讨论，颇思自出新意，然辄失于拙迟。近岁工艺契精，不尽借资于爱而铎诸厂，而未尝一角逐于大西洋、地中海，固为海曲所阻限，亦其器之利钝坚脆与其将之智识才力，有未能自信者也。而防守之密，校练之勤，选材别器，矻矻不怠，足以禁比邻之窥伺，而自卫其圉矣。

波罗的海
舟师

都城凭临波罗的海，西北瑞喹，西南普、奥，猜嫌疑忌，乘间迭生。其海口如芬兰湾，如黎嘎湾，深广易于驶入，而各埠亦繁富，纵秋季冻合，深春始解，筹备未敢偶忽焉。

其铁舰曰阿列克三德复脱洛耶。铁身钢甲，机器用匡

大舰之一

旁特式，双底，径三百五十尺，阔六十七尺，吃水二十三尺，八千五百匹马力，载八千四百四十吨。活台二，大炮四，膛径十二寸。船腰随带炮房，列炮十，膛径九寸，鱼雷四，武弁二十六，卒三百。随带小轮船四，水雷船三。光绪十三年四月造成。

大舰之二

曰巴蔑几阿速复。铁身钢甲，铜碰鼻，夹底匡箱，径三百七十尺，阔五十尺，前吃水二十一尺，后吃水二十五尺，八千匹马力，载六千吨。活台二，大炮四，膛径十二寸。旁炮十，膛径九寸。鱼雷二，武弁二十四，水卒五百四十三。随带小轮船二，水雷船二。光绪十四年四月造成。

大舰之三

曰撇倭得唯利格。铁身铁甲，径三百二十九尺十一寸，阔六十三尺四寸，九千八百五十匹马力，载七千六百六十七吨。活台二，大炮四，膛径十二寸。旁列小炮十一，膛或九寸，或六寸。武弁二十四，卒四百有八。随带小轮船四，水雷船三。同治十二年造成。

大舰之四

曰英撇拉夺尼可来撇尔危。武弁二十六，卒三百馀。未详。

大舰之五

曰刻聂自波惹尔斯克。铁身铁甲，径二百七十三尺，阔四十九尺，六千匹马力，载四千五百有七吨。炮大小十二，武弁二十二，卒四百七十一。同治七年造成。

大舰之六

曰阿得密拉勒拉萨烈甫。铁身铁甲，径三百五十尺，阔四十三尺，四千匹马力，载三千四百六十吨。活台三，大炮三，膛径十一寸，小炮七。武弁十九，水卒二百六十。随带小轮船一，水雷船二。同治七年造成。

大舰之七 曰阿得密拉勒格烈亦葛。铁身铁甲，径二百五十四尺，阔四十三尺四寸，四千匹马力，载三千四百六十八吨。活台三，大炮三，膛径十二寸，小炮七。武弁十九，卒二百六十。随带小轮船一，水雷船二。同治八年造成。

大舰之八 曰阿得密拉勒赤察果甫。铁身铁甲，径二百二十四尺半，阔四十三尺，四千匹马力，载三千四百九十四吨。活台二，大炮二，膛径十一寸，小炮六。武弁十七，卒二百四十六。随带小轮船一，水雷船二。同治八年造成。

大舰之九 曰阿得密拉勒司皮里夺甫。铁身铁甲，径二百五十四尺，阔四十三尺，五千匹马力，载三千九百九十四吨。活台二，大炮二，膛径十一寸，小炮七。武弁十七，卒二百四十九。同治六年造成。

大舰之十 曰阿得密拉勒那熙末甫。武弁二十四，卒五百四十三，馀未详。

以上十艘最坚且大，以堕敌城，撞敌艇，镇要害。泊克鸾石达德。

以上十舰最坚且大

其次曰皮尔粤聂茨。铁身铁甲，径二百二十一尺，阔五十四尺，四千匹马力，载三千二百八十吨。大炮十，膛径八寸，小炮十二。武弁十六，卒一百六十九。随带小轮船二，水雷船二。同治七年造成。

以下十六舰皆铁身

曰涅夺仑美严。铁身铁甲，径二百二十尺，阔五十三尺，四千匹马力，载三千三百四十二吨。炮二十四，武弁十九，卒五百十二。同治三年造成。

曰克烈木里。铁身铁甲，径二百二十尺九寸，阔五十三尺，四千匹马力，载三千四百十五吨。大炮十四，膛径八寸，小炮十一，武弁十九，卒一百七十五。随带小轮船一，水雷船一。同治五年造成。

其次曰槎罗叠嘎。铁身满包铁叶，径二百有六尺六寸，阔四十二尺，二千匹马力，载一千八百八十吨。活台二，大炮四，膛径九寸，小炮一，武弁十一，卒一百六十七。随带水雷船一。同治七年造成。

曰肆蔑尔赤。铁身满包铁叶，径八十八尺二寸，阔三十八尺二寸，二千匹马力，载一千四百六十二吨。活台二，大炮二，膛径九寸，小炮一，武弁十一，卒一百六十七。随带水雷船一。同治四年造成。

曰卢撒尔喀。铁身满包铁叶，径二百有六尺，阔四十二尺，二千匹马力，载一千八百七十二吨。活台二，大炮二，武弁九，卒八十。同治七年造成。

又其次曰乌拉甘。铁身满包铁叶，径二百二尺，阔四十七尺，一千六百匹马力，载一千五百七十吨。活台一，大炮二，膛径九寸。小炮一，武弁八，卒十七。随带水雷船一。同治三年造成。

曰提风。铁身满包铁叶，径二百有二尺，阔四十七尺，一千六百匹马力，载一千五百七十吨。活台一，大炮二，膛径九寸。小炮一，武弁八，卒十七。随带水雷船一。同治四年造成。

曰肆特烈猎滓。铁身满包铁叶，径二百有二尺，阔四十七尺，一千六百匹马力，载一千五百七十吨。活台一，大炮二，膛径九寸。小炮一，武弁八，卒一百有一。随带水雷船一。同治四年造成。

曰叶吉倮罗格。铁身满包铁叶，径二百有二尺，阔四十七尺，一千六百匹马力，载一千五百七十吨。活台一，炮四，武弁八，卒十七。同治四年造成。

曰朴诺涅罗协慈。铁身满包铁叶，径二百有二尺，阔四十七尺，一千六百匹马力，载一千五百七十吨。活台一，大炮二，膛径九寸，小炮二，武弁八，卒十七。随带水雷船一。同治四年造成。

曰拉特泥克。铁身，径二百有三尺，阔四十七尺，一千六百匹马力，载一千五百七十吨。活台一，大炮二，膛径九寸。小炮一，武弁八，卒一百有一。随带水雷船一。同治四年造成。

曰刺瓦。铁身，径二百有二尺，阔四十七尺，一千六百匹马力，载一千五百吨。活台一，大炮二，膛径九寸，小炮一，武弁八，卒十七。随带水雷船一。

曰撇尔仑。铁身，径二百有二尺，阔四十七尺，载一千五百吨。活台一，大炮二，膛径九寸，小炮一，武弁八，卒十七。随带水雷船一。同治四年造成。

曰粤时春。铁身，径二百有二尺，阔四十七尺，一千六百匹马力，载一千五百吨。活台一，炮三，武弁八，卒十七。

曰颗敦。铁身，径二百有二尺，阔四十七尺，一千六百匹马力，载一千五百七十吨。活台一，大炮二，膛径九寸。小炮一，武弁八，卒十七，随带水雷船一。同治四年造成。

以上十六艘，小而便捷，利于环攻。 上十六舰小而便捷利于环攻木质巨身能载多兵

其木质制，巨而朴，能载多兵者，曰撇特罗把勿洛甫司克。径二百九十四尺，阔五十六尺二寸，六千五百匹马力，载六千有八十吨。大炮二十一，膛径八寸。小炮十一，武弁二十五，卒五百二十。随带小轮船一，水雷船二。

曰哆洼斯托坡立。径二百九十五尺三寸，阔五十二尺一寸，六千六百匹马力，载六千二百八十吨。大炮十六，膛径八寸，小炮十三，武弁二十五，卒五百二十。随带小轮船一，水雷船二。

其次曰敉凝。六千匹马力，载五千七百四十吨，大炮六，膛径六寸，小炮十八，武弁二十五，卒五百二十。随带水雷船三。光绪四年造成。

曰格涅拉勒阿德密拉尔。五千匹马力，载四千六百有四吨，炮十九，武弁二十四，卒四百六十五。同治十三年造成。

曰的米得哩端斯喀耶。五千六百匹马力，载四千五百吨，炮十二，武弁二十三，卒五百二十七。光绪十三年造成。

曰乌拉的密尔抹诺马赫。五千四百匹马力，载四千三百吨，炮十二，武弁二十三，卒五百十二。光绪十三年

造成。

曰拔密吉阿作洼。武弁二十三，卒三百，馀未详。

曰肆唯特拉拿。四千匹马力，载三千有九十二吨，炮十七，武弁二十二，卒四百三十二。

其次曰拔烟。载二千吨，大炮四，膛径六寸，小炮六，武弁十五，卒二百二十二。随带小轮船一，水雷船二。

曰尾帖锡。武弁十七，卒三百二十二，馀未详。

曰额林达。武弁十七，卒三百二十二，馀未详。

曰司科别烈甫。三千匹马力，载二千六百六十吨。炮十二，武弁十六，卒二百五十六。

曰阿思果尔特。三千匹马力，载二千一百六十吨。大炮八，膛径六寸，小炮六，武弁十六，卒一百十六。随带小轮船一，水雷船二。

其次，兼张帆使风，平日派出游历，战时捣虚侧击。

平时游历战时侧击之舰船

曰克来写尔。二千五百匹马力，载一千三百三十五吨。武弁十二，卒一百七十二。光绪元年造成。

曰制几特。二千五百匹马力，载一千三百三十五吨。炮七，武弁十二，卒一百七十二。光绪二年造成。

曰纳野士特呢克。一千九百五十匹马力，载一千三百三十五吨。大炮三，膛径六寸，小炮八，武弁十二，卒一百七十二。随带水雷船一。

曰拉自博耶尼克。二千匹马力，载一千三百三十五吨，大炮三，膛径六寸，小炮八，武弁十二，卒一百七十二。随带水雷船一。光绪四年造成。

曰肆特烈罗克。二千匹马力，载一千三百三十五吨。大炮三，膛径六寸，小炮八，武弁十二，卒一百七十二。随带水雷船一。光绪四年造成。

曰朴拉斯敦。二千匹马力，载一千三百三十五吨。大炮三，膛径六寸，小炮四，武弁十二，卒一百七十二。随带水雷船一。光绪六年造成。

曰粤席特诣克。二千匹马力，载一千三百三十五吨。炮七，武弁十二，卒一百七十二。光绪五年造成。

曰阿卜利饰诣克。三千匹马力，武弁十二，卒一百七十二。光绪七年造成。

是外又有快船四，为用兵时专任游击侦谍，兼掠商舶。其大者，曰阿得密拉勒果尔诣洛甫。武弁二十五，卒三百，馀未详。快船四艘

其次曰亚细亚。二千八百匹马力，载二千五百有二吨，大炮三，膛径六寸，小炮八，武弁十三，卒二百四十五。光绪元年造成。

曰阿非利加。三千一百八十匹马力，载二千九百又二吨，大炮三，膛径六寸，小炮九，武弁十三，卒一百二十五。光绪四年造成。

曰杂丕雅喀。一千八百匹马力，载一千二百有三吨，大炮三，膛径六寸，小炮九，武弁一四，卒三百四十。光绪五年造成。

其藏鱼雷兼碰鼻，于行军载送子药器械者，曰倭拉 运载子药器械船

弗，二千匹马力，载一千八百七十吨，大炮二，膛径六寸，小炮八，武弁十三，卒一百九十，随带水雷船二；曰猎帖南特伊里音，武弁九，卒九十八；曰乌拉的密尔，一千六百匹马力，大炮二，武弁十，卒一百有五，随带水雷船二；曰得涅卜尔，二千匹马力，炮四，武弁十，卒一百九十二。

安放水雷鱼雷之舟

其安放水雷、鱼雷者，规制小而机器大，其行速每四刻可行六十三俄里。曰科特琳，武弁二十，卒一百三十五；曰乌仄雷甫，武弁三，卒二十七；曰拉赫达，曰卢嘎，曰纳尔瓦，曰肆威阿波尔克，曰烈威力，曰微波尔克，曰阿波，曰韫他洼，曰里巴洼，以上皆武弁三，卒二十七。

平日稽巡战时传檄之舟师

平日稽巡各口，护送官物，战时传递羽檄者，曰波卜尔，武弁十一，卒一百五十；曰西乌赤，武弁十一，卒一百五十；曰可烈叶慈，武弁十一，卒一百六十六；曰漫洲尔，武弁十一，卒一百六十六。其次曰育尔施，武弁四，卒四十八；曰布伦，武弁四，卒四十八；申图察，武弁四，卒四十三；曰唯合杂，曰布猎，以上皆武弁四，卒四十八；曰什痴特，武弁三，卒二十五。又其次曰米纳，武弁四，卒三十六。

俄主阅兵所乘之舟

至俄主及其世子阅兵所乘之舟，大者曰迭尔惹洼，四千匹马力，载三千一百十三吨，炮六，武弁十，卒一百有八，同治十一年造成。其次曰杂烈勿纳，武弁八，卒七十；曰阿烈克三德里亚，二千五百匹马力，载二千有三十吨，炮七，武弁九，卒七十五；曰倭涅嘎，武弁三，卒五十三。又其次曰马烈倭，武弁三，卒十六。

其水师总统出巡所乘之舟，曰肆特烈哩纳，一千匹马力，载九百吨，炮四，武弁三，卒七十。俄主坐船随带小轮舟三，曰卜几饰噶，曰撇特尔果甫，曰畚周克。其水师总统坐船随带小轮舟四，曰葛卢卜喀，曰卜几迟喀，曰卜哩博依，曰肆唯特兰喀。 水师总统出巡之舟

又别有分泊各港汊，为载送更调兵丁者，曰阿尔接离实止克，武弁九，卒六十八，泊烈威力；曰克拉斯乃邪郭尔喀，武弁八，卒六十四，泊里巴洼；曰阿烈乌特，武弁八，卒六十三，泊芬兰湾；曰拔干，武弁七，卒六十四，泊韫他洼；曰协克师单，武弁六，卒五十四，泊柯特琳；曰坡猎尔乃耶次唯自达，武弁六，卒六十四，泊梨嘎口；曰萨抹咽特，武弁六，卒八十八，泊烈威力；曰作尔喀邪，武弁三，卒十三，泊倭罗严保；曰肆特拉日，武弁四，卒二十八；曰掔率倭伊，武弁四，卒二十八，泊泥瓦江口。其往来各口小轮舟十七，内活灯船七，专司号灯。又有帆船二十五，海口小船二百二十九。 载送更调兵丁之船

合之大小盖四百九十馀艘矣。其木质兵轮之既敝者（船名略）十三，皆置海口，以备拦截敌舟。此波罗的海舟师之实数也。 波罗的海合计四百九十馀艘

黑海在国之南，距彼得堡二千馀里，与土尔基共之，与英法义诸国共之。自阿迭萨至君士坦丁，二日夜水程，逾峡而西，则地中海矣。土畏俄逼，联属英法，咸丰甲 黑海舟师

寅、乙卯间，经数血战，积年馀，始议和罢兵，许各国轮舶入口。而南俄小俄数省之麦石，皆由此载出，又商务所关也，故特设二船厂，一在些洼斯拖坡立，一在尼可来也复。其铁舰曰扯士马，铁身钢甲，铜碰鼻，双底隔堵，径三百三十九尺，阔六十九尺，九千九百匹马力，载一万一千吨，船身吃水二十六尺，护机器钢甲厚一尺六寸馀五寸有奇，活台旋炮四尊，膛径十二寸，旁炮六尊，膛径九寸，尾藏鱼雷筒一具，武弁二十六，卒五百二十五；曰叶喀帖林复脱落耶，制略同前。弁卒数亦同上。二舟泊些洼斯拖坡立。曰西诺卜，制略同前，弁卒数亦同，泊尼可来也复。此三舰最巨，冠诸铁甲。

三舰最巨冠诸铁甲

曰诺甫果倮特，铁身铁甲，三千匹马力，载二千四百九十二吨。大炮二，膛径十一寸，小炮六，武弁十二，卒一百三十六，随带水雷船二，同治十三年造成；曰微茨阿得密拉尔，制同前。武弁十六，卒一百八十七，随带水雷船二。以上二舟皆泊些洼斯托波立。二船，俄水师提督博波福所创，其形圆，吃水深，舷去水仅二尺馀，行殊缓。中起炮楼一座，机器各二，具守口有馀，而转战不足，盖矜奇炫谲，适邻于拙矣。

守口有馀转战不足

其夺得土尔基者，曰泥扩拨诣，铁身铁甲，一千匹马力。活台一，大炮二，膛径六寸，随带水雷船一；曰喜驷朵窝，铁身铁甲，一千匹马力，载八百吨，大炮二，膛径六寸，随带水雷船一。

其木质兵轮，平日分防各口，战时乘机蹈瑕横截包抄，兼巡环派出游历者，曰挨里刻黎克，武弁十二，卒九十八，馀未详；曰拔蔑吉密尔枯力亚，一千六百匹马力，载八百九十吨，大炮二，膛径六寸，小炮十，武弁十六，卒三百有一，随带水雷船一，同治八年造成。其次曰杂波诺热慈，武弁十一，卒一百五十，馀未详；曰端涅茨，曰节烈茨，曰枯班涅茨，曰乌拉涅茨，曰车尔诺谟茨。同前。光绪十三年造成。 木质兵轮

其次曰郭涅茨，武弁九，卒八十六，馀未详；曰卜继组阿别，武弁六，卒五十七；曰土阿别叶，武弁七，卒五十九；曰额烈独特喀烈，武弁六，卒五十七；曰喀士别克，武弁六，卒五十二；曰朋波立，武弁六，卒五十八；曰英鼓勒，武弁六，卒五十七；曰阿卜特，武弁七，卒八十八；曰挨力博呥斯，武弁十一，卒一百；曰喀毕丹落肯，武弁九，卒九十。

又其次，曰拔图木，武弁三，卒十五；曰苏烘木，曰切尔赤，曰撇尔木，曰噶格烈，曰波泰，曰隔连制克，曰鸦尔塔，曰诺倭罗西斯克，曰车尔达克，曰柯多尔，曰几里耶，曰阿烈泥，曰伊自马悠。以上同前。曰舍施得离杂，武弁六，卒三十九；曰吐罗克，武弁六，卒三十八；曰拉挤梅，武弁三，卒二十六；曰拔鸠什喀，武弁三，卒二十七。

此外别有专载工役，修理各船机器者，曰卜拉务饰夺克，武弁四，卒五十七。俄主阅兵所乘曰梨洼阶，载一万一千六百吨。光绪七年造成。随带小铁轮十四，活灯船

七，帆船六，守口船六十八。

黑海舟师实数

合之大小共一百五十一。其废船曰倭音，曰索郭落，曰里威仄，专以备封口之用。此黑海舟师之实数也。

里海舟师

里海旧称死海，其邻惟波斯，今复微弱。俄曾与盟，毋置兵轮，波斯弗敢违也。俄之设防于是益疏，其用木质兵轮，外裹铁叶者有二，曰纳斯尔挨丁沙合，六百匹马力，载五百二十八吨，炮六，武弁六，卒五十八；曰八枯，五百匹马力，载四百有十吨，武弁四，卒二十九。其次纯木质，曰鸠脸宜，二百六十匹马力，载二百有六吨，大炮一，膛径六寸，小炮二，武弁三，卒四十五；曰协几纳，三百匹马力，载二百九十五吨，大炮一，膛径六寸，小炮二，武弁三，卒四十五。光绪十二年造成。曰毕什槎栗，三百匹马力，载二百九十四吨，大炮一，膛径六寸，小炮二，武弁三，卒四十五。光绪十二年造成。曰阿暑纳叠司克，武弁三，卒二十；曰饰思夺班克诣格，武弁三，卒十七；曰克拉思诺倭茨克，武弁三，卒十三；曰饰几什猎尔，武弁三，卒二十七；曰倮茨瞒，武弁七，卒五十八；曰卜罗倭尔乃，武弁七，卒五十八；曰卑斯得立。同前。活灯船三，帆船六，守口船六。

里海合大小二十七艘

合之大小共二十七。其曰乌拉尔，曰阿拉克者，已因朽败废弃矣。此里海舟师之实数也。

悉毕尔舟师

若夫东悉毕尔，自喀米槎德而南，如哈巴罗夫，如乌拉的倭斯脱克，实为东海之涯，与中国、日本、朝鲜为邻。近岁俄人极思兴矿利振商业，又以绥芬诸口冬寒早冻，心艳朝鲜熊水、咸阳之地，终年无冰，思得之为船坞，故其水军颇增于前。然国之根本在西，亦有鞭长莫及之势，因是未治铁舰，惟二三等木质兵轮而已。其派出游历者，或出大西洋，或出地中海，绕至其地，往来游弋，以为外援。

今按驻泊各船，曰阿卜猎克，快船，一千五百匹马力，载一千有七十吨，炮七，武弁十二，卒一百五十九，同治元年造成；曰阿猎乌特，武弁八，卒六十三；曰波尔杂，武弁八，卒六十九；曰慢周尔，一千匹马力，载一千一百八十吨，大炮二，武弁十一，卒一百六十六；曰可烈叶茨，同前；曰昔乌赤，武弁十一，卒一百五十；曰波卜尔，武弁十一，卒一百五十。

其次曰叶尔马克，八百匹马力，载七百有六吨，炮四，武弁三，卒五十，同治十年造成；曰东姑师，八百匹马力，载七百有六吨，炮四，武弁三，同治元年造成；曰抹尔日，五百匹马力，载四百五十六吨，大炮二，膛径六寸，小炮三，武弁四，同治元年造成；曰涅尔巴，四百匹马力，载三百八十吨，大炮二，膛径六寸，小炮三，武弁四，光绪四年造成；曰果尔诺斯台耶，六百匹马力，载四百五十六吨，炮六，武弁三，同治三年造成；曰挈波立，五百匹马力，载四百五十六吨，大炮二，膛径六寸，小炮四，武弁四，同治三年造成；曰阿穆尔，武弁三，卒四十。

东悉毕尔舟师合计四十七艘

又其次曰波尔杂，武弁二；曰拿节日达，武弁二；曰巴里倭，武弁二；曰几特，武弁一。

载运兵丁粮饷器械轮舟六，小轮舟四，帆船一，守口小船十八。

合之大小四十七艘。其曰冶簸涅茨，曰瓦司夺克，皆年久窳败，不堪驾驶。此东悉毕尔舟师之实数也。

水师提督一百六十七员

水师提督共一百六十七员，其次大小武弁四千馀员，内有需次者二百馀员，兵二万七千馀名。论其大要，设海部，以挈其纲纪；设水师学馆及各船炮厂，以校练人才。其武职半由生徒考取，半由卒伍递升。其主将司舵，必曾经征战，历风涛，熟海道沙线。馀则司机器、司炮位、司测量、司图绘、司医药，未有不精一气，不著一长，而尸禄其间者。其监造各员，又恒与水师互调俾并，审其良楛利弊，而学日增。

滨海城主曾统师船

其海滨各城之大酋，亦多以曾统师船者任之。盖使筋脉贯注，一旦有事，不翅身使臂，臂使指也。凡此者，进而争衡于鲸波骇浪中，退而保其土宇，诚今日之切务。而俄以提封数万里，首尾兼顾，颇知权轻重，度缓急，固非无远谋者。然而岁有增益，繁费无等，昔困于国债，今偿以加税，计光绪十三年，其海军出款三千九百二十四万七千四百八十八卢布，合中国银近一千八百万两，以岁入十分之二事此矣。

以岁入十之二事舟师

谨按俄人自记其国旧新政令，一千六百九十七年，彼得罗始遣人至和兰、意大利、日耳曼，传造船航海术。厥后彼得罗微服变姓名，游欧洲至莽特坦充土木隶船厂，游伦敦观海军武库，审察其规制，乃聘工师归，授其人，而水师于是渐振夷。考其时，乃康熙三十六七年间也。

伏读钦定《平定罗刹方略》，康熙二十一年，命详视自黑龙江至额苏哩舟行水路，并置造船舰，发红衣大炮。红衣大炮 在二十四年五月，都统朋春等，分水陆兵为两路，列营夹攻，复移置火器急攻之，城中大惊，罗刹头目额里克舍诃等，势迫乞降。钦唯我圣祖仁皇帝，仁如天，智如神，德威洪溥，远夷怀畏。水师之利，实辅陆师，彼国蚩蚩时，犹未解，乃百馀年后，汽艘炮艇，纵横驰骤，昔之所师所法者，亦不敢轻藐焉。盖初虽效之，继自为之，足称善变者矣。至于东海滨，混同江、黑龙江、兴凯湖，凡近我边门者，皆置兵舰，时复游弋，用戒戎作，用遏蛮方，其能稍缓乎哉！

水师之利实辅陆师

陆军制

古言兵法，孙吴尚矣。管子曰：圣王之治天下，参其国而伍其鄙，所谓六乡六遂之制也。自汉唐以下，兴召募，废乡遂，而兵农分。然善师者不陈，善陈者不战，善战者不败，善败者不亡。感忽候暗，莫知从出。窦宪勒八陈慁匈奴，李靖以六花败颉利，盖夷狄恃勇无谋，斗力鲜智，故虽骁猛，终臣服中夏。今泰西诸国则少异焉。其俗本武健，近百馀年，争雄取威，迭更战伐，于是精研攻具，且嫉且师，其治师旅，弥严纪律，非复鸣镝剽掠之

其治师旅弥严纪律

众矣。

谈陆军者，以普鲁士为最，而俄次之。顾俄人自云，其兵之敢战不畏死，殆逾于普鲁士。详考其制，实暗合寓兵于农之意。额兵曰“烈古拈尔乃”，拣以归伍，有定数者也。乡兵曰“伊烈古拈尔乃”，凡国之人皆是，无定数者也。其召兵曰“倭伊斯克耶泼晕诺斯切”，盖国人在二十一岁，皆编入赋册，及期，咸集于有司，使各掣签，依次录用。掣不得者，存之为羡卒，限十五年。六年列前敌，厥后九年归储备。商鞅之法，一岁屯戍，一岁力役，与此正相仿也。四十岁免赴挑。在大学塾肄，业有成者，列前敌，或二年，或四年。学塾期限已满，未及挑而愿自效者，一年或二年，则以其才体貌为断，名之曰“倭里诺倭卜猎迭敛由什痴”。其学塾期限未满而自效者，年不得过三十，其限与常选同，名“阿诃特尼格”。前乃奖励，此则抑之，使自激励也。

暗合寓兵于农之制

岁入册八十馀万，拣十九万。年长出伍者，使替死亡、疾病者，使实其额。其身不及二尺二寸，不录。验其胸背，以绳量之。验其目力，于二十步外悬大字，使辨之，渐近至十步内，尚莫能识者，不录。计五十式，大似五代时度人材、阅走跃、试瞻视之遗规。独子许其留养，罪人不得入伍，冒替者罚。惟同族兄弟许代，不得过二十六岁。

岁入册八十万拣十九万

凡兵岁，由有司察视一次，伪作疾状，希冀遁籍者罚，笃癃缪病者黜。即以所拣者，代不足，则取诸羡卒。

平日额兵八十万有馀，战时增十之二。凡塾师、教士、医士、画工，皆免，至危急，亦用之。分三等，父母衰老无次丁者，置之。父子皆年壮，用其父舍其子。父母虽故，家多弱息，赖其谋生者，准报明暂缓。兄弟多，则用其长者。

平日额兵八十万

芬兰之人，三年前敌，二年储备。凡新得之地，其民或尚梗化，则优容而抚恤之，不愿为兵者，听。此又权术之所寓也。有曰“葛苏达斯特威尔诺耶倭波尔掣泥亚”，若谓人皆当兵也。平时给一符契，必至下哀痛之诏，乃出，先取四十岁以内者。昔与法主拿破仑战时，曾起此军，盖非常举动也。

马队无前敌储备之别，喀撒克则户籍即兵籍，凡男子十八岁，便取练习三年，又十二年，以四年番代，其调至比得堡及他省者，三年番代，兵弁胥同。其得替后，仍勤习武备，以待征发，岁必合操一次。其简军之条，以各村户口为断，择其富厚勇敢者居前，馀次之。按时挑取喀复喀斯（即高加索），自光绪十三年始定制，民皆入兵籍。其地模苏里曼回民不愿为兵者，但纳税。其为兵者，留防本境，期仅三年。一人入兵，一家无税。其戚如外舅外姑皆得免。豢牲畜为生者，亦放闲一年。比其号召卒伍之大略也。

喀撒克户籍即兵籍

一人入兵一家无税

至于制用，则额分四类：前敌曰“波烈威邪”，日严阵以待战，遴勇锐精悍者，充之军中，羽檄悉备，有警即发，不再属藁。后劲曰“烈节尔复”，专保营垒，或分取

波烈威邪即野战军

制用额分四类

他城，以挠敌势，包抄横击，乘机蹈瑕，与前敌互为声援（平日十分之一）。储备曰“杂爬斯乃”，专教练各艺，兼前敌后劲之长，俟补其缺（平日不设）。协助曰“复自波抹噶帖里乃耶”，恤夷伤，运刍粮，缮甲兵，补兵乘（平日不撤）。平治道途，别有工兵，曰“因热涅尔乃邪”。

柯尔铺司即军　的威集即师　不离噶达即旅　坡尔克即团　拔塔理渊即营

大队曰“柯尔铺司”（平日十九队），分之曰“的威集”。一的威集，二“不离噶达”；一不离噶达，二“坡尔克”；一坡尔克，四“拔塔理渊”。其炮队曰“拔塔猎”。一拔塔理渊，四“啰特”，一啰特百人。其马队曰“挨思喀得仑”，统带官即以队名名之。其定额曰“什他得倭伊斯克”。步队战时增四分之三，马队无增减，炮队小有损益。其精粹“坡烈威”，步兵凡四十八队，前三队作禁卫，曰“刻洼尔皆司克耶”；次四队曰“格猎拉迭尔司克邪”，馀四十一队曰“阿尔美司克耶”。其各营步兵凡四十八的威集，九十六不离噶达，一百九十二坡尔克，七百六十八拔塔理渊，三千有七十二啰特。统计常额得三十万七千二百人，战时增至六十六万一千七百七十人。

常额三十万

其善枪炮之步队十二不离噶达，四十八拔塔理渊，二百三十二啰特，共二万七千八百四十人，战时增至五万八千人。住喀复喀斯一不离噶达，杂喀斯丕思二不离噶达，土尔克斯丹一不离噶达，东悉毕尔二不离噶达，芬兰八拔塔理渊，凡二万七千八百四十人，战时增至五万八千人。

步队分布

又有守边兵，一守土尔迄司丹，一守西悉毕尔，一守东悉毕尔，三十三拔塔理渊，一百二十八啰特，凡一万五

守边兵

千三百六十人，战时增至三万二千人。一啰特给夫役四名，战时给十五名。马队二十的威集（内三队喀撒克），四十不离噶达，一百坡尔克（内十八喀撒克）。一坡尔克九百四十八名，外夫役一百二十三名，九百四十匹马。凡九万七千一百人，九万四千匹马。其统兵、领队、营哨等员在外。

炮队有步有马，步兵四十八不离噶达。一不离噶达六巴塔猎。二百八十八巴塔猎。前二队炮力重九磅，后四队炮力重四磅。一巴塔猎用八尊炮。每一后膛钢螺丝炮及弹药二匣，共一车，用马六匹，行则炮口向后，炮左右二卒，车前并坐三卒，辕马二，骖马四，其骖乘二卒一弁，乘马率之。施放时，马转向后，卸其车作两截，弹匣与炮分为二。共二千三百有四尊炮。一的威集内增四队，曰“阿尔提烈里斯克坡尔克”，携带炮弹以备接济。马上施炮者四十八巴塔猎（内二十队喀撒克）。凡马队，一的威集参二巴塔猎，一阿尔提烈里司克坡尔克，其炮较步卒所用轻灵。一巴塔猎炮六尊，弹六匣。此在欧洲境内之数也。 巴塔猎同拔塔猎即炮兵营

若土尔克斯丹，则七巴塔猎步兵，一巴塔猎马兵。西悉毕尔，四巴塔猎步兵，一巴塔猎马兵。东悉毕尔，四巴塔猎步兵，一巴塔猎马兵。馀二队在腹地，一队在喀复喀斯，守各城炮台。 亚洲境内

以上专言前敌。

后劲在腹地者，凡九十七拔塔理渊。一拔塔理渊五啰

后劲步队 特，一啰特八十八人。平日分布诸省，有事乃萃。战时一啰特增至八百八十人，留其一为防守，兵分为四啰特，作一拔塔理渊，又夫役七十人。凡五拔塔理渊以其四作一坡尔克。喀复喀斯与悉毕尔皆六拔塔理渊作六坡尔克。合之得一百有九拔塔理渊，战时遂成一百有九坡尔克。此后劲步队之数也。

炮队五不离噶达。一不离噶达六巴塔猎。凡三十巴塔后劲炮队 猎，战时增作四倍，成一百二十巴塔猎。以五队作一营，即成二十四不离噶达，派出十六，留其八教习新兵。防守兵十三拔塔理渊，撇特罗杂倭慈克驻一队（在彼得堡之北倭罗涅慈省），阿尔寒叶洛果倮特驻一队，撇尔穆、阿思达拉汗、倭连布、乌发、枯班、节尔司、喀达吉斯丹、苏烘克、烈拔秃摸、八枯、挨里湾十一城各一队，每队六百人。解送谴犯兵名宽倭伊涅五百六十七名。专守炮台拔头等炮台 塔理渊五十有半，啰特六，柯瞒特三。头等台名诺倭格倭尔拮耶弗司克驻拔塔理渊六，瓦尔沙洼六，克鸾石达特六，边迭尔一，布猎思特梨托勿司克四，波布鲁伊司克六。（炮台外有游击之师，无定数，相机调拨而已。有然达拉队为协助之资，亦无定数。）

储备步队一百九十九拔塔理渊，马队战时与平日皆五储备步队 十四坡尔克。其各队人数，平时减，战时增，教人兼教马。凡马不得过七岁，高准二尺三寸至二尺五寸（合中国四尺六寸），行齐行列，步有起止，项必桥，首必昂，视必无眩，听必勿惊。炮队十二巴塔猎，战时增至四十八。平日无马兵，战时增二十四巴塔猎，四分之三步，四分之一马。协助兵，有事则佐师捍敌，平时各派弹压火车栈、大会场，曰然达拉巴塔理渊。其传发军令，稽查违误，曰的斯缉不离那尔乃巴塔理渊。

管子兵法，有曰“论工制器”，俄实效之。其专执木铁之工，曰阿尔梯猎黎斯柯瞒得。专司辟铁路、开堑、建桥梁、筑室，安护电线、地雷、水雷，保军装杂物，曰因热涅尔乃柯瞒得。专司兵之衣食、器械，曰因添丹特斯喋耶柯瞒得。专司养伤疗疾，曰郭思披达里乃柯瞒得。其因热涅尔又分为撒披尔泥拔塔理渊十七队，凡建铁路、掘堑、开山、筑台皆属之。一拔塔理渊五啰特，一啰特百人，役夫八名，战时增至百五十人。是外，土尔迄斯丹有半队拔塔理渊，东西悉毕尔各一啰特。曰攀湍泥拔塔理渊八队，凡修造桥梁皆属之。一拔塔理渊二啰特，一啰特亦百有八人，战时增至百六十六人。又益以七十二马兵，曰热列茨诺拔塔理渊，六队，凡护铁路、毁铁路皆属之。一拔塔理渊五啰特。又十七坡尔克，凡收发电报、保护电线杆皆属之，人数无定额，临时准道里远近、事之繁闲分派。曰坡烈威因热涅尔乃耶坡尔克，六队，凡各营兵丁所用器械杂物，皆由此队兵转运保护。别曰倭萨得乃坡尔克，两队，每一队分四小队，专用以夺隘拔帜。曰敏里耶啰特，两队，专驻各海口管地雷、水雷，封口铁闸，平日不设，临时酌派。盖凡列卒伍，各具专长，不徒以枪炮矛戟攻击为能事，调拨则钩连蟠屈，咸有条理。

管子兵法俄实效之

凡列卒伍各具专长

其称伊烈古拈尔乃者，分两籍，一喀萨叽（即喀撒克），一伊诺啰得疵（外族如回蒙），盖马队之所出也。喀萨几平日自习技勇，调健马，弭边患，不借国家饷糈调取。分队或征战，则给饷。他境充马兵者，得入其籍。又以其地名系之，曰端斯喀耶，曰枯班，曰倭连布，曰杂拜噶尔，曰节尔斯，曰乌拉尔，曰悉毕尔（此小地名），曰阿斯达拉汗，曰阿穆尔，曰仙米烈，曰伊尔古慈克，曰克拉司诺雅尔斯特，分为十二大营，曰倭伊司克，各以提督官统之。其馀各营一将，各队一弁，统一百三十五坡尔克，三十三挲特拈，十二拔塔理渊。步队三十八巴塔猎，炮队二的威鬫（一的威鬫得坡尔克之半），二坡卢拔塔理渊，二杂巴斯乃巴塔猎。馀数队挨思喀得仑，凡十六万一千五百六十三人，武弁三千七百四十四人。战时惟端斯喀耶最多，凡四十八坡尔克，二十二巴塔猎。各类递减，悉毕尔、阿思达拉汗、阿穆尔、仙米烈、乌拉尔无炮队，阿穆尔、枯班、杂拜噶尔有步队。岁以三分之一操演，馀勤耕稼，战时起全军。伊诺罗得疵其制与喀萨几同。达吉斯丹一坡尔克一米里接牙，枯班一米里接牙，节尔斯喀耶一米里接牙，喀尔斯克一米里接牙，拔秃摸一米里接牙，土尔克绵宜一米里接牙。所谓米里接牙即坡尔克之异名也。喀复喀斯之格卢勤，一得噜热纳，古厘斯喀牙一得噜热纳。得噜热纳皆步队，较坡尔克人数损其半。一得噜热纳分四啰特，战时得噜热纳增作坡尔克。克雷木一的威鬫马队，一啰特步队。此两者多骑卒之良辅，以炮步能合能

非常备队

岁以三分之一操演

民兵步队

分，散之则亚旅，召之则师徒。

又其犷悍之民，悉收籍之，伉健者，壬宿卫。其次戍封域，制以连伍，绳以律令，亦治安边鄙之一法也。统其纲维，凡食土之毛者，除老弱不任事之外，家家使之为兵，人人使之知兵，故虽一郡一邑，胜兵数万可指，顾而集教练，不厌其多，人皆习于金革，调发不厌其简，人不疲于征战，劳之易使，散之易养，合古人治兵之道矣。

家家为兵人人知兵

武职有名温帖尔倭非侧尔者，由兵拔用，平日教导新兵。其他由韫格尔斯几耶学塾（全国共十六区）选用，又有倭颜诺（六区）、倭颜诺阿喀迭米（四区）、喀迭斯啑科尔铺司（二十区）。其升除有三等，下等由兵拣拔，所谓温帖尔者。其倭里诺入营，半年选一次，充温帖尔。中等由武职升，或由温帖尔，或由倭颜诺，皆须入韫格尔学塾考选，乃可入官。上等即由韫格尔学生学成之后试之，拔其尤授职。

武职升除有三等

其武职之大者，曰格聂拉勒，分三等，次曰颇尔颗无尼克，次曰坡特颇尔颗无尼克（入官十二年，未过五十岁，乃升此官），次曰喀毕丹（马队曰喀毕丹啰特米士得尔），次曰什他卜士喀毕丹（马队曰什他卜啰特米士得尔），次曰坡尔赤克，次曰坡特颇鲁赤克。大致四年一升，黜保劾不在此例。

格聂拉勒即将军
颇尔颗无尼克即上校

武职无言责，不许兼作商估。二十三岁方能娶，娶必告知所管官，如准其娶，先纳五千卢布为质，至五年后还之。谓贫而娶者，必为妻子所累，不能尽心职守，实欲绝

武职无言责不许兼作商估

其内顾之私，而专其勇往之志也。

官至颇尔颗无尼克，著有勋绩，予以搢绅之号，子孙袭之。至坡特颇鲁赤克，虽予搢绅，但及身而止，子孙不得袭也。凡为将，审偏裨之贤否，士卒之勇怯，分战马之强弱，日则教练卒伍，夜则聚议兵法，或出地图指其山川险要，及进兵之路，与其僚互相考核，不厌其详。科尔铺斯至坡尔克之将，皆由其主自命，其下大小队长，则由统帅举焉。

全国分十四路大酋

兵部大臣虽握全国兵柄，此外又分十四路，设十四大酋，称之曰格聂拉勒。自比得堡以次，皆兼管地方事，曰格涅拉勒固必纳脱。第一路驻比得堡，第二路驻芬兰，第三路驻维里纳，第四路驻瓦尔沙洼，第五路驻几耶甫，第六路驻阿叠萨，第七路驻哈尔果甫，第八路驻莫斯克洼，第九路驻喀轔，第十路驻喀复喀斯，第十一路驻土尔迄斯丹，第十二路驻倭木斯克，第十三路驻伊尔古慈克，第十四路驻哈巴罗夫。

大酋驻城设会议处六

凡大酋所驻城，设会议处有六。其一曰倭颜诺倭可噜释乃索唯特，议各举废也；二曰可噜释乃什他卜，议文牍所也；三曰倭可噜释因天单得斯科乌卜拉勿猎拟耶，议马匹刍粮所也；四曰倭可噜释乃阿尔提猎里斯科乌卜拉勿猎拟耶，议枪炮所也；五曰因热涅尔洛乌拉勿猎拟耶，议开路所也；六曰倭可噜日乃倭疑诺乜的秦斯科乌卜拉勿拟耶，议医学所也。至所统兵分驻各城之数，别注于《疆域表》下，盖以兵之多寡，觇地之僻要也。

炮台分四等，台各一主将，曰科眠单特。头等台之主将比科尔铺司，二三等比的威集，四等比坡尔克。炮台兵无定额，戒严时由国主自派，危急由主将檄调。其权亦等科尔铺司，可以专杀，平时则属科尔铺司。各台当战时亦设文案及管理，各务之所统于主将，无事则一切听命于格聂拉勒固必纳脱。 炮台分四等

其出师也，由国主命一帅，各格拉勿诺科瞒都，由饬机密方略与主商榷，先绘图呈阅备陈，如何进兵，如何决胜，于是乃定大计，诸将皆受约束，听指扐。所住一幕特与人异，随营移徙。又专设一员，照图分派各队，名坡列威什他卜，其次管刍粮马匹衣服，其次管枪炮，其次辟路。又有曰乌卜拉勿猎拟耶倭颜乃索倭卜拖扯尼，对敌时驰送羽书、电报，审修毁桥梁铁路机宜。凡喀萨克兵调集，临阵别自成军，派一统将，曰颇荷得宜阿塔曼，归主调遣。将战，各队互易鹁鸽，围急以之传书，如古人之用纸鸢也。 出师由国主命帅

凡战步队，在炮前（所携毕马长枪八十四，小枪三十六，其接济亦如之），分左右翼，枪及则炮止，刀剑及则枪止；前队死，后队济，万响一发，万足一步。又善以散击整，以柔挫坚，星驰电掣，山包水流。马队亦分两翼，短枪腰刀其半作侦骑，胜则纵横冲突而已，至振旅还率，气象肃穆，赏罚严明，上下一心，坚忍而朴，不得谓非节制之师矣。 赏罚严明上下一心

岁六月，其主简搜于红村（即克拉斯诺也写洛），排

排演各阵

演各阵，如对大敌，外省则遣一格涅拉勒之有威望者往代校阅。平时由将率训练，无间寒暑，必步法止齐，技艺娴熟，肱一屈直，手一扬抑，足一前却，咸有式。又必习驰骤，习距踊，习陟降，引绳而升，援竿而上，攀危梯而斜登，走独木而交让，立股踏肩以摩垒，引手托足而逾垣。其用枪也，或更番，或并出，或高举，或低放，或狙伺，或狼顾，或直伏于地，或隐身而击，或跽足而施，示之以的，要之以捷。

将弁必明阵势识机务

其将弁必明阵势识机务，知舆地能布算，三年试于塾。塾有等，上考入上等，进其阶，不考者听合。大小武职计三万有奇，合步兵马兵炮兵工兵约近百万矣。

谨案：我国家龙兴，辽沈八旗子弟，咸编兵籍，桓桓劲旅，奋伐深入，凡萨哈连、瓦尔喀、费雅喀、额勒约、索锡喇忻、鄂伦春、塔库、塔图库各部族，莫不来享，莫不来王。当时俄人亦骎骎南向，列圣赫濯，声灵实已桄被，故其国都虽复鄙远，而先代可汗弥钦天朝典章法度。窃尝观其藏书库庋，清丈官书、中枢政要、户部则例等籍，盖不下数十函，而官塾俊秀，习中国学者，必先通满文。沐浴酞化，固已久矣。

其兵制大半仿旗籍

及详斠其兵制，乃大半则效旗籍，丁口入册，及岁挑拣考试诸令，而小变之。至于训练，则专用泰西之法，毋使间断。枪炮器械，力求毒鸷，月异而岁不同，于古人“攻心斗智，不重杀伤”之略，则未尝闻焉。盖其西邻英法德奥诸强国，胥以此相竞逐，脱令稍逊，必受吞噬之虞。穷析利钝，舍旧谋新，不敢偶涉，疏懈者，亦为时势所迫也。窃屡阅其卒伍，有整肃之规，无鼓舞之志，虽畏威而不怀德，可以取胜，而难经败创，此又不足深恃者。或震惊其兵数之多，而思所以敌之，则益额增垒之说，实足惑听。抑知俄近岁府藏空匮，以加税失民和，乱党因而谋不轨，皆由兵多之故。夫魏武以敝卒一万，而袁绍土崩，谢元以步卒三千，而苻坚瓦解，兵岂贵多，亦视将略何如耳！

卒伍畏威而不怀德

户口略

《传》有之曰：国所与立者民。是故民之众寡，为国之强弱。周王拜其献数，汉相收其图书，有以哉！至于蛮貊之邦，其地偏，其气梗，不生圣哲，不识礼义，使编氓漏于国版，夫家脱于联伍，人如鸟兽，飞走莫制，奸心伪端，横兴突起，何以能国？

国所与立者民

历代史书于四裔，载胜兵之数。今考俄罗斯国，居恒胜兵，亦有定额，而民罔贵贱，皆入兵籍；脱有危迫，咸听调发，则区分其地之民数，而贫富强弱可得而料焉。种类之殊异，已备载《源流考》暨《疆域表》中。然昔日或有臭味柴池，党同而伐异，自经峻法扰治，亦咸就厥范围。在下则互为姻连，同一习俗，传之数世，俱忘畛域。它国之为商贾者，有占籍，有不占籍，皆受约束、畏律令。国人远适异乡不返者，绝少与欧洲诸国兴师报怨。虽

民罔贵贱皆入兵籍

死亡继踵，毕以众胜寡，原其既庶，亦不似英法普奥之户调口算，日增月益。在官，无丁税；凡民，岁易凭照税四卢布，侨寄一依此例。其为商者，悉由官给凭，纳凭税。任往各城设肆者，为第一等商；任在本城设肆者，为第二等商。其凭税自八卢布至十馀卢布止，亦一岁易一次。其廛赋则以所入之息为准，约十取一。专务商业者四十八万六千人，以通国计之，盖十得七八矣。边亭荒鄙，讥而不征者有之。杂喀思丕思省，近始定每户岁取五卢布，高曾矩矱，先畴陇亩，优游其间，不以有身为累，而立国之本在是矣。顾其敝也，城市之民喜征逐，鲜恒产；四郊之民习偷惰，少勤业。通难得之货，作无用之器，离制弃本，竞逐工商。麦石贩之他国，逐什壹利，而国内民食反艰。

廛赋以息为准

学塾生徒希图非分

学塾生徒，如讥弹时政，妄冀纷更，希图非分。智者巧于侔利而夸大，愚者以事人而贪鄙。执贱役者，质椎鲁不堪策励。波兰人心狡而鸷，反复蔑上，地近普奥，时复潜诱，殆成隐忧。芬兰别异风尚，事多自主，至铸钱、设税关，有尾大不掉之势。所属亚洲僻壤，种族既杂，增以谴谪之众，桀骜顽劣十之三四，芸芸之侣不得谓皆才也。其嗜酒茗、淡巴菰、叶子戏，妇女则嗜跳舞、冰嬉，习歌唱至于成性，又通国之大病。而阿夫容之禁特严，无一窃犯者，盖其民自耻之，又不定关法令矣！

至于世家豪族奴婢之籍，昔居齐民之首。今自前主阿烈克三德第二悉听除籍，今已数十年，无事著焉，作户口略。

〔因省、城名与今有异，故根据《疆域表》注上经纬度，以便查考。〕

森比得堡〔在东经四十七度五十八分，北纬五十九度五十七分〕一百六十二万二千人，城内九十三万人。

莫斯克洼〔在东经五十五度十四分，北纬五十五度四十五分〕二百十三万七千人，城内七十五万三千人。

波罗的海部

倭罗涅慈〔在东经五十二度有三分，北纬六十一度四十七分〕三十二万七千人，别特罗刹倭城一万一千人。

诺甫果倮特〔在东经四十八度五十六分，北纬五十七度三十一分〕一百一十二万七千人，城内二万一千人。

布斯果甫〔在东经四十五度五十九分，北纬五十七度四十九分〕八十九万一千人，城内二万一千人。

挨斯特兰〔在东经四十二度二十七分，北纬五十九度二十五分〕一百九十七万人，烈威力城内一万一千人。

丽馥兰〔在东经四十一度四十六分，北纬五十六度五十七分〕六十四万二千人，犁嘎城内十六万九千人。

库尔兰〔在东经四十一度二十四分，北纬五十六度三十九分〕六十四万二千人，迷他洼城内三万人。

威帖布司克〔在东经四十七度五十二分，北纬五十五度有十分〕一百一十七万人，城内五万五千人。

唯里纳〔在东经四十二度五十七分，北纬五十四度四十一分〕一百二十万四千人，城内九万四千人。

阔勿诺〔在东经四十一度三十三分，北纬五十四度五十四分〕一百四十万四千人，城内五万人。

格啰得诺〔在东经四十一度三十分，北纬五十三度四十一分〕一百二十二万六千人，城内四万人。

昵幽兰〔在东经四十二度三十七分，北纬六十度十分〕二十万有二千人，节力新弗尔斯城内四万三千人。

威波尔克〔在东经四十六度二十六分，北纬六十度四十三分〕三十万有一千人，城内一万五千人。

阿波〔在东经三十九度五十七分，北纬六十度二十七分〕三十七万六千人，城内三万三千人。

瓦杂〔在东经三十九度十九分，北纬六十三度有四分〕三十五万八千人，尼阔来斯塔得城内六千人。

乌列阿波〔在东经四十三度有四分，北纬六十五度有二分〕二十万有七千人，城内一万人。

塔祙斯特姑斯特〔在东经四十一度五十八分，北纬六十一度〕二十二万一千人，城内四千人。

柯批倭〔在东经四十五度十一分，北纬六十二度五十三分〕二十五万六千人，城内七千人。

瓦尔沙洼〔在东经三十八度四十一分，北纬五十二度十四分〕九十万六千人，城内十万六千人。

苏祙尔叽〔在东经四十度三十六分，北纬三十三度四十分〕六十万三千人，城内一万九千人。

啰摸热〔在东经三十九度四十五分，北纬五十三度十一分〕五十四万二千人，城内一万五千人。

普罗茨〔在东经三十七度二十一分，北纬五十一度三十三分〕五十三万人，城内五千人。

喀哩士〔在东经三十五度四十六分，北纬五十一度四十六分〕七十六万五千人，城内一万六千人。所属都烈克城一万一千人，哆拉慈城一万五千人。

茄理茨〔在东经三十六度十六分，北纬五十度五十二分〕六十一万四千人，城内一万一千人。

拉多穆〔在东经三十八度十六分，北纬五十一度二十四分〕六十三万三千人，城内一万二千人。

溜卑林〔在东经四十四度十四分，北纬五十一度十五分〕八十六万人，城内三万七千人。

撇特罗阔甫〔在东经三十七度二十二分，北纬五十一度十九分〕八十三万七千人，城内二万五千人。所属诚思夺霍甫一万九千人。

哆得裂茨〔在东经三十九度五十七分，北纬五十二度十分〕六十一万六千人，城内一万三千人。 黑海部

摩畿略甫〔在东经四十八度，北纬五十三度五十四分〕一百一十四万六千人，城内四万一千人。

嘶马连斯克〔在东经四十九度四十三分，北纬五十四度四十七分〕一百一十九万一千人，城内三万六千人。

明斯克〔在东经四十五度十三分，北纬五十三度五十四分〕一百五十六万九千人，城内五万四千人。

畿耶甫〔在东经四十八度十一分，北纬五十度二十七分〕二百五十万七千人，城内十二万七千人。所属别尔跻迟甫城五万七千犹太人，别拉耶且黎果甫城一万九千人，他什槎城一万三千人，乌蛮城一万五千人。

车尔泥果甫〔在东经四十九度，北纬五十一度二十九分〕一百七十万人，城内一万九千人。所属斯他罗堵卜二万四千人。

倭棱司克〔在东经四十六度二十分，北纬五十度十五分〕二百有六万二千人，日拖眯尔城内五万五千人。所属克烈勉涅茨城一万人，喏倭格拉特倭林司克一万四千人，思他啰宽思坦丁一万八千人。

古尔斯克〔在东经五十三度五十一分，北纬五十一度四十四分〕二百三十一万四千人，城内三万二千人。所属苏札城一万五千人，烈勒果倮特城二万人。

窝啰涅日〔在东经五十六度五十二分，北纬五十一度三十九分〕二百四十三万三千人，城内五万六千人。

坡尔塔袜〔在东经五十二度十四分，北纬四十九度三十五分〕二百四十七万三千人，城内四万一千人。

哈尔果甫〔在东经五十三度五十四分，北纬五十度〕二百一十六万六千人，城内十六万七千人。所属亦擎木城一万八千人。

端斯喀耶〔在东经五十七度四十六分，北纬四十七度二十五分〕一百四十七万四千人，城内三万七千人。

叶克接衣斯纳敷〔在东经五十二度四十四分，北纬四十八度二十八分〕一百六十九万七千人，城内四万一千人。

他勿利制司克〔在东经五十一度四十六分，北纬四十四度五十七分〕九十六万四千人，星飞洛波立城内二万九千人，切尔赤城十万一千人，些洼斯拖波立城七万二千人，匪倭朵西城四万六千人。

协尔酸〔在东经五十度十七分，北纬四十六度三十八分〕一百八十六万五千人，阿叠萨城二十二万人，尼可来耶复六万六千人，阿烈克三德一万七千人。

波多立司克〔在东经四十四度十四分，北纬四十八度四十分〕一百四十一万九千人，喀也涅茨城内一十三万人。

别萨拉必亚〔在东经四十六度三十分，北纬四十七度有二分〕一百四十一万九千人，叽深虐甫城内一十三万人。所属阿克瞒四万六千人。

阿略勿〔在东经五十三度四十四分，北纬五十二度五十八分〕一百九十万人，城内七万七千人。所属薄尔霍甫城二万六千人。 里海部

图拉〔在东经五十五度十七分，北纬五十四度十一分〕一百三十四万人，城内六万四千人。

喀噜戛〔在东经五十三度五十五分，北纬五十四度三十一分〕一百一十四万人，城内四万人。

叶罗斯纳夫〔在东经五十七度四十三分，北纬五十八度三十七分〕三十七万九千人，城内二万三千人。所属阿雷频斯克城二万人。

义日里诺甫果倮特〔在东经六十一度四十分，北纬五十六度二十分〕一百一十二万七千人，城内六万人。

唯亚特喀〔在东经六十七度二十一分，北纬五十八

度三十六分〕二百七十四万人，城内二万四千人。

喀響〔在东经六十六度四十七分，北纬五十五度四十七分〕一百九十五万五千人，城内一十四万一千人。

务拉的密尔〔在东经五十八度有五分，北纬五十五度有八分〕一百九十五万五千人，城内一万八千人。

乌发〔在东经六十八度三十六分，北纬五十四度四十三分〕一百七十七万一千人，城内二万五千人。

萨拉夺甫〔在东经六十三度四十四分，北纬五十一度三十二分〕二百一十一万三千人，城内一十一万二千人。

科斯得罗马〔在东经五十八度三十六分，北纬五十七度四十六分〕一百二十七万八千人，城内二万八千人。

萨马拉〔在东经六十七度四十五分，北纬五十三度十一分〕二百二十二万四千人，城内六万三千人。

星比尔斯克〔在东经六十六度有四分，北纬五十四度十九分〕一百二十二万四千人，城内六万三千人。

倭连布尔克〔在东经七十二度四十六分，北纬五十一度四十五分〕一百一十九万六千人，城内四万三千人。

阿思达拉汗〔在东经六十五度四十二分，北纬四十六度二十一分〕七万人。内有喀萨克、喀尔梅叽游牧类十一万九千五百八十七人，布茄耶勿游牧类十三万四千人。

列響〔在东经五十七度二十六分，北纬五十四度三十八分〕一百七十一万三千人，城内三万人。

贪博甫〔在东经五十九度有七分，北纬五十二度四十四分〕二百四十九万人，城内三万四千人。

偏杂〔在东经六十二度四十二分，北纬五十三度十一分〕一百三十八万二千人，城内二千人。

撇尔木〔在东经七十三度五十六分，北纬五十八度有一分〕二百五十三万九千人，城内二万五千人。

阿尔寒〔在东经五十六度三十三分，北纬六十四度五十七分〕三十一万五千人，城内一万六千人。 白海部

倭倮格达〔在东经五十七度三十三分，北纬五十八度十三分〕一百一十六万一千人，城内一万七千人。

以上欧洲境。

枯班〔在东经五十六度三十八分，北纬四十五度有一分〕一百有二万四千人，叶克接尼诺达尔城内二万八千人。所属唉司克一万八千人。 喀复喀斯部

司塔勿罗波力〔在东经五十九度三十九分，北纬四十五度有三分〕五十八万九千人，城内三万五千人。

节尔斯喀耶〔在东经六十二度二十一分，北纬四十三度有二分〕六十万有六千人，乌拉的喀复喀斯城内三万二千人。

达咭思丹〔在东经六十四度四十七分，北纬四十二度五十分〕五十二万六千人，帖尔密寒暑拉城内一万五千人。

八枯〔在东经六十七度三十分，北纬四十度二十二分〕五十一万七千人，城内六万五千人。所属佘马哈城

二万五千人。

耶哩萨唯托波力〔在东经六十四度有一分，北纬四十度四十一分〕六十二万五千人，城内一万九千人。所属驽哈城二万二千人，舒敛城二万人。

梯夫力斯〔在东经六十二度二十八分，北纬四十一度四十二分〕七十万有四千人，城内十万有四千人。

枯塔伊斯〔在东经二十六度十八分，北纬六十度二十二分〕六十八万五千人，城内一万三千人。

拔秃摸〔在东经二十七度十八分，北纬五十九度十八分〕六万五千人，城内九千人。

喀儿斯〔在东经二十七度七十八分，北纬六十度四十四分〕十五万一千人，城内八千人。

挨里湾〔在东经六十二度十分，北纬四十度十分〕五十六万三千人，城内一万二千人。

车尔诺嘆斯克〔在东经五十五度二十七分，北纬四十四度四十三分〕二万三千人，诺倭罗西司克城内三千人。

悉毕尔部

苏烘木〔在东经五十八度四十分，北纬四十二度五十九分〕四万五千人，苏烘克烈城内二千人。

拖波力司克〔在东经八十五度五十三分，北纬五十八度十二分〕一百二十七万九千人，城内二万人。所属裘冕城一万五千人。

托木司克〔在东经一百有二度三十六分，北纬五十六度三十分〕一百有七万八千人，城内三万二千人。

野泥塞司克〔在东经一百有九度四十六分，北纬五十八度二十七分〕四十二万八千人，克拉斯诺雅尔斯特城内一万八千人。

伊尔古慈克〔在东经一百二十一度五十六分，北纬五十二度十六分〕三十八万七千人，城内三万六千人。

雅古慈克〔在东经一百四十七度二十四分，北纬六十二度有一分〕二十四万七千人，城内五千人。

杂拜喀尔司克〔在东经一百三十一度十分，北纬五十二度有二分〕四十九万七千人，赤塔城内一万三千人。

阿穆尔〔在东经一百四十五度十八分，北纬四十九度二十二分〕四万人，布拉郭悦式廛司克城内三千人。

卜里摸尔司克〔在东经一百五十二度四十六分，北纬四十八度二十八分〕七万四千人，哈巴罗夫城内三千人。所属尼可拉耶务司克城二千人，务拉的倭司拖克城九千人。

乌拉尔司克〔在东经六十九度有二分，北纬三十一度十二分〕八十万八千人，城内二万一千人。 中亚细亚部

阿克摸林司克〔在东经四十五度五十八分，北纬五十一度有九分〕四十六万人，城内六千人。所属倭木司克城三万一千人。

仙米帕拉停司克〔在东经九十七度五十六分，北纬五十度二十四分〕五万八千人，城内一万七千八百十七人。

仙米烈成司克〔在东经九十四度三十三分，北纬四

十三度十六分〕六十八万五千人，唯尔涅城内一万八千人。

土尔该〔在东经八十一度十五分，北纬四十九度三十八分〕三十二万人，城内四百人。

阿母达利耶〔在东经七十七度四十二分，北纬四十一度二十三分〕二十二万二千人，城内三千人。

希尔达利耶〔在东经八十六度五十七分，北纬四十一度十八分〕一百一十万有九千人，塔什干城内十万人。所属霍占二万八千人。

杂拉夫山〔在东经八十四度三十九分，北纬三十九度三十九分〕五万八千人，萨马干城内一万七千八百十七人。

费尔干〔在东经八十二度，北纬四十度二十七分〕一百万人，新马尔格兰城一万有八百人。所属霍罕城三万五千人，旧马尔格兰二万六千人，安集延四万三千人。

杂喀思披斯〔在东经七十五度五十九分，北纬三十七度四十五分〕十三万人，阿思哈巴特城内四千人。

以上亚洲境。

13,7,25

卷第九

日记

光绪十三年七月二十五日，具报启程。八月十五日至上海，治装待伴。

九月十三日丁卯　晴。乘德意志公司船放洋。舟长准工部营造尺四十丈，吃水二丈四尺，阔三丈六尺，载重五千吨，三千匹马力，名“萨克森”（或译曰“萨经”），舟主名质克。 由上海乘德船启程

十四日戊辰　阴。巳正启碇，雨。鹢首指东南。午后风紧，浑洪赑怒，浚波颓叠。夜仍雨。子正风势杀。

十五日己巳　晴。过松门、海门。暮见东南乱山兀崒，红云秀天，盖厦门、福州诸口也。台湾、澎湖，则烟屿苍茫，莫能辨认矣。

十六日庚午　晴。骆越诸山，袤延起伏，障海而南。

西初抵香港，突起数岛排港外，入则峰峦合遝，万顷澄碧。少时昏黑，明灯层层，高逾山脊，如络角繁星，万点斜挂。

经香港

十七日辛未　晴。辰刻趁小轮舟登岸，持友人李光琴书至上环街元发行，晤蔡松川、余韶笙，托易汇票。蔡、余殷勤留饮，导游博物院。见诸水族奇禽怪兽，中有一物，人首人臂，自腹以下为鱼形。历观南北两炮台，颇得地势。又见延山辟铁路，盘旋而上，达于山巅。蔡、余言：港督因其主得是埠届五十年，将于月之二十四、五日举胜会以申庆，科诸华商，输钱兴作。街衢间方扰扰，构绰楔，架杰阁，张电灯；以帛缠柱，流苏为帘；罗珠玉锦绣，召歌舞幻戏，杂以鼓乐。绵宵竟昼，踵事增华。所费约十馀万金，其奢靡如此。韶笙送归舟。申正发，风厉舟欹侧。天气渐炎，行近赤道北十九度。

十八日壬申　晴。天热如中伏，御单犹挥汗。机轮颇捷，午见悬牌行八百馀里，英实二百馀。盖英一里合中国三里也。

“实”原作“买”

十九日癸酉　镇日风雨。午刻牌行一千有九十馀里，在赤道北十二度五分。已略澜沧江，海水色如靛。

二十日甲戌　晴。微沦风绉，极目靴纹，计程在七洲洋之尾。禄奈昆仑，时见螺髻。午牌行一千有四十九里，经赤道北七度四分。

泊新嘉坡

二十一日乙亥　晨晴，未申间小雨。午牌行一千一百有一里，经赤道北二度三十五分。戌初泊新嘉坡。天毒

13,9,22

热，舟纳煤达旦，严闭窗牖，尤增闷燠。

二十二日丙子　晴。天旦而起，赁马车，持李光琴书，行六里馀至十八间街怡盛丰行，访林吉臣。并晤李耀棠，光琴之侄也；曾乡才、乡杰弟兄，其同懋迁者也。留饭有螺肉，洁白而嫩如鲜江珧。李、曾送登舟，赠武夷茶、竹簟。按：新嘉坡与苏门答腊对峙，转彭亨之南，称南洋西畔第一埠。嘉庆间为英人所踞。岛势东西绵亘三四百里，港口诸山回抱，甚有关键。居民约十馀万，贸易者十之三皆闽粤人。产铅、锡、胡椒、儿茶、江珧、蔗糖、槟榔、椰子果、下马、红白鹦鹉、倒挂鸟、葵花鸟、翠羽巨螺。英人经营缔造，不遗馀力，铁路纵横，飙车如织。挃两牛挽车，运诸货物，相属于路。牛多白色，角犀利以铜饰，如塔冒之。街弄繁丽逊香港。土人巫来由黎黝如鬼。申正展轮，晤领事官左守，周旋久之。舟人以银钱掷水中，群儿荡小舠，争耸身入水泅取，矫捷异常。 贸易者十之三皆闽粤人

二十三日丁丑　晨阴雨。西风飒爽，水波不兴。舟指正西，午牌行七百八十九里。经赤道北三度三十六分，柔佛龙牙丁，机宜葛罗巴，点翠拖青，时在眉睫。按：葛罗巴即加拉巴古耶婆提也，又曰“阇婆”，曰“爪哇”，南洋大岛国，今属西人矣。 爪哇已属西人

二十四日戊寅　薄晴，仍西风。午牌行九百九十里，经赤道北五度四十四分。晓见南北两岸，烟岚拥赴，茂树蓊郁，殆在麻剌甲、大小亚齐之间，即所谓巽他峡。至其狭处，隔岸只二三十里，仿佛在鄱阳湖中，循康山麓，观 过巽他峡

屏风九叠也。泰西人于山口绿阴中建塔灯，筑室整洁，此南洋群岛一巨厄。申刻入印度海（即小西洋）。其水黯然黛色，云天回阔，眇望无垠。

二十五日己卯　朝外晚雨，风逆簸舟。未申间，舟转西北，艎中炎敲略减。

二十六日庚辰　沉阴。西风，时飞雨，如江南四月天。午牌行九百九十三里，经赤道北五度二十二分。

二十七日辛巳　晨微雨，午晴。舟向东北行，入锡兰岛，泊格仑坡。午牌行一千有八十里，经赤道北六度三十六分。此岛右势斜伸，屏印度洋，乱石崛突，激海水作高浪，直上十馀寻，舣舟辄动荡。自前五年，英人用塞门土兼大石，筑长堤一道捍御之，泊者始安。趁小轮舟登岸，

古佛国锡兰

易马车，先观沿海炮垒，皆坚朴，盖新式也。游博物院，有大鲸骨，其首且长七八尺；石佛、石象、石狮，各国古钱、古铜器、刀剑；断柱黛色，光泽可鉴，或云玉也。登楼，见壁上石斫英世子像，殆创兴此院者。门外叠石为台，上范铜像，乃英之大酋，初踞此岛者也。复游藏经库，读贝叶经。有白石卧佛，龛前布鲜花八九种，色奇艳，莫询其名，微飔暂拂，芳溢六空。卧佛寺距此又三里许，寺有塔，如来涅槃真身及舍利子在焉，多梵贝。申刻旋舟。锡兰，古佛国，或曰即东天竺之境。按：晋释法显《佛国记》所称“师子国”，即锡兰也。云其国在洲上，东西五十由延，南北三十由延，左右小洲，乃有百数，相去或十里、二十里，或二百里，统属大洲。证之方舆，不

13,9,27

讹。又法显由摩梨帝国海口，载商舶西南行十四日即至此。摩梨帝国海口，即今加尔各答地。《唐志》云：师子国北岸距南天竺百里。又西四日行，经没来国，为南天竺最南境。是自立国已久，地近南天竺，亦非东天竺也。民睛发如中土，惟面目黎黑可畏。俗奉佛谨，好膜拜讽经，悉昙章梵天法。跣足袭窄袖短衣，重白色，下通服长裙，色尚红，间用印花者。或袒其右臂，首缀玳瑁，细齿梳作半月形（泰西人亦多用之）。男螺髻，或左右被发，女辫发萦后。室湫隘且卑。山多长林丰草，土色赤。产象、马、椰子、黄焦、波罗密、柠檬果、曼陀果（俗称曼头果）、肉皮果、娑萝树、贝多树。近日产茶，夺华商利。自此至欧洲无担荷者，多以首载物行。子夜发。 民睛发如中土

二十八日壬午　晨阴雨，东北风，午后西风，霁。就海观鱼，极天送鸟。午牌行五百二十八里，在赤道北七度三十五分。

二十九日癸未　晴，北风。午牌行一千有十一里，在赤道北九度三十四分。夜观舟人作乐，礼拜之外，每日两奏，器皆笳吹，间以胡琴。促节繁音，知西方金气竞，殊失和平也。 西方金气殊失和平

十月初一日甲申　晴，东风。晓坐船面，观飞鱼数队，如小鸟掠波。午牌行一千有五里，在赤道北十一度四十六分。

初二日乙酉　晴，东北风。午牌行一千有四十一里，在赤道北十二度五十二分。申刻，因机器小损，停轮八刻

二分。修治毕，复行。

初三日丙戌　晴。午牌行九百有三里，在赤道北十三度四十七分。未刻微雨，旋霁。子夜，风起水涌，飞浪入窗，衣被皆湿。

初四日丁亥　晴。坐船面，见奔涛卷空，如白马万队，胜吴山绝顶观钱塘八月潮也。午牌行九百八十四里，在赤道北十三度十二分。夜毒热，不成寐，独起步船面，观日出。

奔涛胜钱塘

初五日戊子　晴。卯刻抵亚丁。犷巘乖崿，拔起海中，奇构异形，难以辞叙。石骨棱棱，纯赭色，画家大斧劈皴也。山顶云气滃然，海岸飞沙滚滚。英人因阿结牖，连扃接闼，炮垒卫之。土人黎黑，卷发如虿，携碎珊瑚、驼鸟羽、山羊角来舟求售。申刻启碇，夜入红海。

经亚丁入红海

初六日己丑　晨晴。入夜风狂雨骤，舟簸甚。询向经红海者，皆言无风浪之险，而炎歊迫人，今则气候颇异矣。午牌行七百八十三里，在赤道北十五度。

初七日庚寅　晴。午刻雨，食顷即止。牌行九百六十九里，在赤道北十九度三十七分。

初八日辛卯　晴。金飙送凉，波平如镜。午牌行一千有二十六里，经赤道北三十四度四十三分。旧图红海甚狭，今验之。入口时，及见两岸诸山，中仍莫睹边际，大类洞庭春涨时。而往来汽艘，远者约距二三十里，近或一半里，取道却近，不似大洋中镇日不见一帆也。仍向西北行，天冷御夹。

13,10,9

初九日壬辰　晴，北风。巨浪拍舟，高丈许。两岸童山矗立，将出口矣。酉刻，至苏尔士河小泊。是日午牌行九百二十三里，在赤道北三十五度十二分。倚阑见东岸斜亘一堤，停两舟，列平屋，棂牖洞达，危亭置其上。舟人曰：此浴处也。西岸堤上，翠柏一行，内有街弄楼榭，灯光荧荧。戌正，解维入新开河。其狭有如潞河者，舟前特置电灯，恐搁浅也。行殊缓。两岸白沙，河身易塞，以开河机器随时疏浚。此河乃法人海理色朴所开擘，亚细亚、阿非利加二洲相连处。巨灵手荡脚蹋，功足相侔。昔欧人东来，必绕大西洋，今将地中海、红海凿通，是舍弧而求弦矣。凡舟经过皆税之，此舟税至八千马克，其利博哉！夜立船首，望斜月如梳，亭亭欲坠，沙石荒寒，恍如积雪。闻人言，海理色朴近又偕其子奢赀巨万，攻凿巴拿马，将分南北美利坚为二，开东西洋舟航之捷径。精卫填海，愚公移山，其志无以过之。

入新开河行殊缓

初十日癸巳　晴，西风。行曲港中，时于宽处小泊。缘河狭，来往之舟不能并行，或让彼，或彼让此，各于数里外悬旗为号。岸边时有骆驼十数头，负土培堤，设自来水铁管。堤内或浅溆平滩，一二渔舠，飘忽来去，数群鸥鹭，饮啄飞鸣。倘以芦花枫叶，点缀其间，无异泖湖秋景。酉初，抵新河北口波利塞维舟，地属埃及，民尚天方教。英、法、美、德商估云集，市廛繁盛。役使多阿非利加人，习英法语。其俗女子以黑布罩面，但露两目一口，乍睹之甚骇异。有埃王花园一区，杂花生树，异采奋发，

埃及港口商估云集

方塘石沼，错落其间。登岸薄游，归已亥正。自锡兰至此，屋瓦赤黄，其土色然也。日行二百十六里。

十一日甲午　晴。入地中海，水色墨，舟行稳如在红
入地中海 海中。向游欧洲者，皆云：如此风平波静，未曾有也。午牌行二百三十一里，在赤道北三十一度五十九分。

十二日乙未　晴。东北风劲，涛涌波襄。西南云山重叠，与舟上下。午牌行九百八十四里，在赤道北三十四度五分。夜微雨。

十三日丙申　晴。西风，天寒。午牌行九百四十五里，在赤道北三十六度四十一分。

十四日丁酉　阴。晨微雨，旋薄晴。西南岛屿环翠，楼阁参差，舟人谓即意大利之火山，其熄已二百馀年，居
意大利 民甚庶。询昔昔利，云昨夜已过。午牌行九百八十六里，在赤道北三十九度三十三分。馆后，朔风凛烈，骇浪腾跃。

十五日戊戌　晴，西风。晓起，见西上初日一抹，雪山皑皑。午牌行一千有二里，在赤道北四十度。午后行一
舟抵热瓦 百七十四里。申正抵热瓦（德语曰“折那阿”，英语曰
欧洲大埠 “热奴挨”，法语曰“热瓦”）。泛小舠登岸，乘车至与希
热瓦今译 希马街德则特廊惹客寓，宿第三层楼。高甍凌虚，降眺列
即热那亚 肆，亦有机室，乘之可登。地属意大利，依山成市，周十馀里，雕檐华宇，鳞比层陵。民俗奢丽，亦欧洲大埠也。山势回绕，颇似香港，而结束未严。新筑长堤，障其西北。世称意大利人哥仑布，即生是埠。尝游立士本，学航

13,10,15

海术，说西班牙后依萨伯拉，卖所爱宝玉妆具为赀，遣其行，寻地得亚美利加洲。今热瓦人以铜铸其像，立通衢旌之。按：意大利，《汉书》称“大秦”；《唐书》称“佛菻”。东南与波斯接，地方万馀里，其王无常人，简贤者而立之，是民主之国所自昉。又曰：盛暑之节，人厌嚣热，乃引水潜流，上遍于屋宇，机制巧密，人莫知之，即今日自来水之滥觞。又曰：楼中悬大秤，以金丸十二枚属于衡端，以候日之十二时焉。为一金人，其大如人，立于侧。每至一时，其金丸辄落，铿然发声，引唱以纪日，即近世钟表之椎轮。观此可知罗马先盛，其遗法推衍益精矣！

世称哥仑布出生地

十六日己亥　阴雨。

十七日庚子　阴。申初，登火车，经意大利界。重岭衿泷，湍奔相属，乱石纵横，中开铁路，遇山穴道，阻溪为梁。意多水田，产粳稻，膏腴近罗马，所经其髋髀也。由密阑饭基押所（英语曰“卢遗诺”），在瑞士界。夜经贝林左拿圣阁得合耳德，山洞最长，约二十五里。倚窗频睹，雪山壁立，若单楹插霄，俄升其顶，白云与车并飞。或层岑峻壁，其下万仞，怪石巉巉，渡以危桥，俯瞰悸魄，羊肠邛峡，可以化夷矣。冰霜载途，严寒砭骨，停车五次。

意多水田产粳稻

十八日辛丑　晴。已入日耳曼境。老枫坠丹，稚柏浮翠，林木萧森，离离蔚蔚。黄壤沃衍，沟洫横卦，极知经界而无阡陇，知其地宜麦不宜禾也。西人以马耕，或用两

德境宜麦不宜禾

马并驱，颇捷。用机器者少，殆不如用马之省费欤？晨烟数缕，缨带平冈；寒菜一畦，茵褥斜坂；按眺农圃，情邈灌蔬矣。凡停车七次，入德界之巴色尔弗来布尔克，俄分布尔克喀尔士路危海德尔伯克达尔末斯塔得。夜饭弗狼克福尔，德之剧镇也。楼台灯火近十万家，攘往熙来，商民蕃息。由车栈易马车至此，约二里馀。停十六刻，复行。夜过基生客色尔克来恩生马格德布尔克业次达末。停车又五次。

十九日壬寅　晴。辰初，抵德都伯尔林。连日共行一千四百三启罗迈，当合中国约二千五百三十五里，经十九驿。伯林人民蕃盛，气象宏阔。是夜，宿旅舍第四层楼。

抵达德国都伯尔林

二十日癸卯，晴。

二十一日甲辰　阴雨。子夜升车，向东北发。

二十二日乙巳　晴。至的尔劲，车停十八分。饭。申正，由德界唉得若能至俄界威尔伯仑（俄语曰“威尔曰波罗湾”。以上所译皆德意志语也）。二日计行一千三百四十五里，德里作七百四十三启罗迈当半，易俄车，以俄之铁轨宽于德也。德人近日专练一军，瞬息可使易辙改辕，俄深嫉之。税关验护照，查行李綦严，留难间，得同车俄商噶唎什铿，始解。

俄之铁轨宽于德

入俄界

二十三日丙午　晴。自入俄界，极目林莽，雪后景物清绝。午饭格罗得倮（德语曰“我斯得罗”）。暮至噶敕纳（德语曰“喀尔可色尔”），灯火甚繁。其地有俄主离宫，闻俄主尚居此，岁杪始旋冬宫。酉正抵比得堡，由边

抵比得堡

13,10,24

界至此计一千六百八十里，俄里作八百三十七唯尔斯特。暂宿使馆。

二十四日丁未 晴。俄候祁寒，三冬晷短，严辰肃月，只合蛰居。盖其地极北，而日行南陆，故非停午夜，分不见曦月。按：森彼德堡在北极出地五十九度五十五分，距我京师时刻，论者谓其差至五时四十四分四十六秒四十八微。京师之午正初刻，彼德堡为卯正一刻十三秒十二微也。其城南三十里，有卜尔可倭测量天星台。泥瓦江北岸，亦有一测量处，犹英国之格呢栗迟。其距格呢栗迟三十度十六分三十秒，变时则二时一分六秒。中国观象台，在赤道北三十九度五十四分又十分之四，距英之格呢栗迟一百一十六度二十八分一十二秒，变时得七时四十五分五十二秒又十分秒之八。由此推之，中俄相距实为五时四十四分四十六秒又十分之八也。又按俄人宪书载：比得堡午正，为莫斯瓜之午正二刻，喀彎之未初一刻，伊尔古慈克之申正三刻十一分，牙库特之酉初二刻九分，我北京之酉初三刻五分，上海之酉正五分，伦敦之巳初三刻十七分三十秒，巴黎之巳正九分，柏林之巳初三刻十分，罗马之巳正三刻五分，维也纳之午初四分，土尔基之巳正三刻十四分，吗得黎得（西班牙都城）之巳初二刻十四分，世拖克郭力木（瑞典都城）之午初十分，布留协利（比利时都城）之巳正一刻，纽约（美利坚都城）之酉初三刻，旧金山之未初三刻五分，墨西哥之申初一刻六分，日本之戌初一刻五分也。考西历始于大秦，声明文物，实冠

俄候祁寒只合蛰居

文中比得堡彼得堡彼德堡混用应即一地

西历始于大秦

欧洲。自罗马至该撒儒略，以十二月为年，不别置闰，以其日附于月，遂有三十一日为月者。于耶稣生前四十五年正月朔为始，厥后祭司与大吏任意改窜。至三十六年当闰九日，而误闰十二日。该撒亚古遂令十二年不闰，以合儒略本旨。至小馀积久生差，有格哥里者改之。当汉孺子婴初始元年，新莽建国之四年，及天凤三年，俱为闰日之年。又考欧历实回历加精，近世噶西尼等阐微发奥，推测尤详。自该国一千五百六十年，教王格勒革理第十三，欲改历法，会诸博学士议之，采西利约语作新历，以三百六十五日五时四十九分十二秒为一年，名曰“格勒革理历”。欧洲诸国至今遵用之。俄人用犹太历，以耶稣生年为始，阅四年闰一日，必在二月，亦与欧洲诸国同。惟用三百六十五日为岁，实月朔恒后于各国十二日，其岁首则在中国冬至后二十二日也。正月曰“压洛洼尔”（三十一日），二月曰“非兀里阿力”（常岁二十八日，闰年二十九日），三月曰“玛乙”（三十一日），四月曰“阿普拈立”（三十日），五月曰“梅”（三十一日），六月曰“悠诺”（三十日），七月曰“悠立”（三十一日），八月曰“阿卑姑斯特”（三十一日），九月曰“写洛特雅卑尔”（三十日），十月曰“倭克特雅卑”（三十一日），十一月曰“喏雅布尔”（三十日），十二月曰“颠喀卑尔”（三十一日）。彼得堡以六月十日为昼长限，日出丑正三十七分，日入亥初二十七分；以十二月十日为昼短限，日出巳初五分，日入未正五十五分。

俄人用犹太历

13,10,25

二十五日戊申 大雪竟日。赁庑谟伊喀街。夜，使馆诸人，约看马戏。其步法与乐之节拍相应，至于脱其衔辔，弛其鞍鞯，趻踔踸踔，以纤腰女郎，剪发稚子，足各立一骑，左之右之，巧献各伎，从容不迫，可谓难矣。又置诸乐器，使小象五，以鼻鼓之；大象一，执鼓挝以节之，金石和谐，条理不紊，亦一异也。末一女子寻橦度索，趫捷可观。《南史》载：梁天监四年，禊饮华光殿，其日，河南国献赤龙驹，能拜伏，善舞。河南，即荷兰也。立国在萧梁以前，其通中夏亦在欧洲诸国之先，所献马，即今马戏之祖欤！唐元宗之舞马，当亦同此。 看马戏

二十六日己酉 雪，晴。译日报有云：俄奥将有兵事。此言出于德人。德奥方洽，因勃尔噶尼亚之君，向为俄之王族，今新立者为奥人，殆虑俄将攻奥也。 俄奥将有兵事

二十七日庚戌 雪。

二十八日辛亥 雪。

二十九日壬子 阴。午后游博物院。地邻宫禁，楼阁连达，几罗珍宝奇玩，金刚石独多。有青精石瓶二，孔翠石瓶二，高可七八尺。又孔翠石案，四尺馀长，皆其国所矜异者。中国之物，有玉杯玉碗、青田石印章、瓷花瓶之类。又有总统伊犁等处将军银印一方、伊犁办事大臣银印一方，皆叛回携以来俄者也。又有明御马监铜驾牌一。壁间图其先代汗像、欧洲古事或奇异花鸟，世所罕觏，许民间就而临之。别一室与宫寝近接，设所塑比得罗像，衣其平生之服，气象鸷猛。旁置所常用物，一铁杖重可三十 游博物院

斤，木碗、木盂、木盘，累累二十馀事，列于厨中，悬鱼骨灯，皆其变姓名游欧洲习工匠时所手制也。所常乘黄马，所常畜乌犬，皮革俱完，饰之如生。立其前，与汉时原庙衣冠之意，正相合也。

三十日癸丑　微晴。出游城市，其广衢有所谓涅佛寺街、大海街、温宫后街者，皆甚阔，中铺方石，左右用木解段，切作八棱，立布于地，既平且坚。其馀街市，以石子砌之。凡所属欧境各城，多如是。今其上雪厚三四寸，民皆乘雪车。其制：用马车去其轮，辐系二横木于下，行甚便捷，无异安车蒲轮。温宫方一里馀，前庭极宏敞，各官署拱之。俄俗：凡宫观、桥梁、屋脊，多塑骏马，如中国之用狮象。佛书谓北方为马主，其信然耶。

宫观等处多塑骏马

十一月朔，甲寅，阴。

初二日乙卯　雪镇日。

初三日丙辰　阴。

初四日丁巳　阴。

初五日戊午　阴。午后游蜡人馆。盖以蜡塑各种人，其异相有三目者，或演以故实，施机转动，嘘气如生，美丑、老稚、长短，直可乱真。又一屋，塑其前代肉刑，如犁舌、刳腹、劓鼻、刖足，及以钚搊乳；以铁皮寸许，上排密锥内向，而环其项；铸生铁模，其内锐锋如猬毛，将纳入而合之。种种惨毒，不忍逼视。《瀛环志略》谓俄用刑最酷，此其一证。《万国史记》谓俄主宜万第四，性严厉，以峻法治下，晚年益酷，戮臣民数万，群下畏而从

蜡人馆塑前代肉刑不忍逼视

13,11,5

之，亦有离叛者。此类刑具，或即所造。今既除苛解娆，表以要其民也。又一室，饰人藏腑肢体各病状，及妇人腹内儿形，由初孕至临产。又范人全身筋络，此医家所宜知者。廊下塑女兵一列，冠雉尾，兜鍪铜铠甲，岂泰西昔日亦学孙武兵法，尝教美人战邪？《旧唐书·大食传》言：有女国在其西北，相去三月行。大食即今二尔基，准其地望，当在俄境，此或昔日女国之卒伍欤？南怀仁《坤舆图说》记：女国在鞑尔靼迤西，曰亚玛作搦，最饶勇善战。其言非无据也。壁嵌显微镜一，行视其内图，山川人物，园圃廛市，及俄、土、法、瑞者战事，至炮台港口，防守要害，如何环攻，如何御敌，颇具大概。将出门，遇一长狄，其长及丈。

廊下塑女兵

初六日己未　阴　微雪。

初七日庚申　阴。与夏干译图例。

初八日辛酉　晴。寒威顿烈，俄表缩至六度。见街市辕下驹，唇鼻糁白，遍身连钱莹然，御者坚冰在须矣。

初九日壬戌　阴。夏干荐俄人柏兰荪，曾读中国书者，代译图说，月改修洋五十卢布。

荐柏兰荪代译图说

初十日癸未〔亥〕　阴　雪。检书移寓谟伊喀街。

十一日甲子，大雪竟日。至游稣泼湖看冰嬉。

十二日己〔乙〕丑　阴寒。夏干偕柏兰荪来。

十三日丙寅　阴　微雪。

十四日丁卯　阴。初至俄时，拟待新任出使大臣洪阁学履任，再请知照俄外部。嗣闻洪大臣腊月初始来，相距

洪阁学即洪钧

刘瑞芬 四旬馀，而俄于它国之人稽诘甚严，时刘大臣尚未交替，遂由驻俄参赞禀告，兼自陈乞备文知照。昨得复，饬参赞官函知，今俄外部吉尔斯遣人来，约明日接见。

十五日戊辰　晴。未刻，偕使馆参赞随员往谒俄相吉尔斯，晤言良久。其人年七十，气度和蔼，与其属吉纳韦甫所谓文牍总办者同见。谓将游历何所，应先分别告知。如观炮台各厂，当为行文海部；如观陆军，当为行文兵部；如观大学院、教堂，当为行文教部。答以俟公使来，再备文请办。问至几日矣？答以三礼拜末。问前出使大臣曾侯起居。又问北京之寒，较此奚若？一一对之，皆使馆法文翻译联兴代答也。

谒俄相

十六日己巳　雪。

十七日庚午　晴。柏兰荪言：德俄衅颇构，恐成战事。谓之曰：曩闻俄与德累世姻戚，兄弟之国也，何至是？答以泰西各与国，虽固婚媾，而猜忌难泯，防维日密。

泰西各国虽固婚媾猜忌难泯

十八日辛未　微雪。

十九日壬申，晴。俄里海东铁路，已至阿母河，将全收希洼、布哈尔之地利，而逼阿富汗。闻今秋又于阿母河上建长桥，自蔑尔甫属之车尔锥起，就岛洲分四截：第一截八百有二丈，第二截八十二丈，第三截五十八丈，第四截三十丈。并岛洲计一千九百有二丈，费二万五千卢布。又欲于河之东岸，接修火车道，经达萨马干。

铁路已至阿母河

二十日癸酉　晴。出使大臣刘大理至。

13,11,21

二十一日甲戌　睛。出使大臣洪阁学至，皆往迓于车栈。

二十二日乙亥　晴。

二十三日丙子　阴。

二十四日丁丑　阴。

二十五日戊寅　阴　微雪。

二十六日己卯　晴。偕同人访俄人佘威烈甫及噶勒什铿。佘商于海参崴，曩年珲春勘界，曾充该国翻译官，盖少时游学于中国，通华文，解华语，且洞达中外人情世故者也。惜未晤。

二十七日庚辰　雪。感冒。

二十八日辛巳　雪。

二十九日壬午　微雪。噶勒什铿来。

十二月朔，癸未，晴。寒表至十七度。是日为俄历一千八百八十八年正月朔。

初二日甲申　阴。寒表至十九度。泽书罢，柏兰荪约游阿喀接密亚，观油绘，皆俄古今名人，或极贵极富；或极美极陋；或医术、天文、算学显；或抱节守贞，含悲陨涕；或千欢万悦，嬉笑迎人；或耄而好学，卧病著书；无不惟妙惟肖。 油绘名人惟妙惟肖

初三日乙酉　雪。访柏兰荪，践昨日之约也。柏本寒素，琴书满室。

初四日丙戌　微晴。申刻赴噶勒什铿之约。室中帷幔，皆中国绰绣。出诸瓷器，内有二瓶，成化五彩也。有

雕漆盆二，刻镂工细，乾嘉旧制。其妻弟某，乃俄武职，席间各言中俄邦交最久，而俄之习华文华语者却少。又谓俄奥龃龉，皆德人为之，德意本不在奥，殆欲离间俄法也。

初五日丁亥　午后雪。

初六日戊子　晴。

初七日己丑　雪。

与柏兰荪访印书局

初八日庚寅　微雪。柏兰荪来，偕访其舅氏雅布伦司克于所设印书局，并导观集字、石印各种机器。因留饮。其子年十岁，能英、法、德三国语，盖俄之懋迁，恒在此三国。其矿产麦石，亦西面诸邦所仰给，而德之贾于俄者尤多，故自童时即从师习彼语言文字，虽小康之家，未有不汲汲于此者。其国势之在欧洲，亦可见矣。

初九日辛卯　雪。

俄谋印藏其势逼人

初十日壬辰　晴。午后出游，绕其王庭一匝。有阿尔寒人列幕泥瓦江冰上，以三鹿驾车。鹿淡墨色，角长多歧而锐，首类犊，蹄大亦近之，毛长身矮，不似中国之鹿，黄质白章，文斑斑而足伎伎也。车小无帷幔，仅容一人坐，使驱之行速。闻英之游历于俄者，以策赠我出使大臣，言俄辟铁路至海参崴，其志在朝鲜及东三省，并豫计他日进兵路。夫俄虽有东向之志，而其谋印度、窥两藏，其势已咄咄逼人。英之虑俄亦切，故凡英人之议，若代中国，计甚深远，其实不专为人。又此辈游员，与各公使往还，逞其苏张之技，固有益于国是者。

13,12,11

十一日癸巳　阴。闻游德者，已由参赞行文知照德外部，亦如俄说，将遣员伴游云。

十二日甲午　微雪。

十三日乙未　阴，寒表至十六度。

十四日丙申　晴。

十五日丁酉　阴，寒表至十九度。柏兰荪来，译日报云：蔑尔甫之英人，电达英廷，谓俄铁路已渡暗木河，将窥印度。英人甚恐。 俄窥印度英人甚恐

十六日戊戌　晴，寒表至二十度。日报言：塔什干之总督电告俄主，言阿母河新制兵轮二艘，大拖船二艘（拖船用载军需），皆已出坞。其轮一名"察尔"（称国王曰"察尔"），一名"察利杂"（称后曰"察利杂"）。其拖船一名"莫斯克洼"，一名"森比得堡"。丙夜，月有食之。

十七日己亥　晴，寒表至二十三度。

十八日庚子　阴雾。柏兰荪言：俄之乱党头目，据称有喀拉波特肯之党，有拉勿诺甫之党，有格尔特扪之党，有叽尔皴之党，其人甚众。大旨谓俄贫富不均，国家赋税重，思一切反之，易君主为民主焉。所谓尼希里者，结党最先，今已大半剪除云。观此，则俄民不靖，患在萧墙，其主徒骛远略何哉？又曰：厥类不齐，有贵有贱，如喀拉波特肯，即俄之三爵也。俄各路总督，近日皆集比京贺履端，并赴宫中宴。又译日报，谓俄主派官名车尔诺格拉作甫，往车尔锥运载杉、松、杨、桦小树，将遍种里海滨及 俄民不靖患在萧墙

暗木河两岸，并欲大启苑囿，以备游观，岂他日将作伪游云梦之举乎？不能不为布哈尔、希洼之酋虑也。

十九日辛丑　晴，寒表至十八度。

二十日壬寅　雪。日报言：俄大改军政，由兵部筹议规制，并调各路总督会议。前云来贺履端，殆托辞也。英、德、奥诸公使之在俄者，佥疑其不日兴戎，纷纷私论，特登报以明其故。夜，颗利索甫约观跳舞会。其人学馆中习华文者也，言其试多译中国理学书，如《性理精义》、《朱子全书》、《文公家礼》之类。随择一篇，命以俄文敷陈其说，又必兼习满蒙文字。其书之合满汉文者，半为康乾时官书，亦有私家所刊《西厢记》等。其译成俄文之中国书，则有古文《尚书》、《孝经》、《三字经》、《杂小曲》。于其案头见有魏源所著《圣武记》，华文石印颇精。又钞本《四库全书目录》第一百六十七卷。（习华文者）

二十一日癸卯　晴。

二十二日甲辰　晴。日报言：俄复自阿母河接建铁路至哈萨巴。

二十三日乙巳　阴。夜游阿克洼黎穆，园有楼，周围嵌石如洞壑，回廊绕之。第一层介以铁网，养诸禽鸟、猿猱、鹦鹉、鸳鸯、鹅鹳之属。下层壁间蓄水，外护以玻璃，内养诸种鱼，电灯映之如游泳空际。中一大池旁，叠石山，植花木。有海犬，首类狗，毛类獭，黑色；前两足如鲨，翅能立，后足骈若鱼尾；投小鱼使泅而取啖，其捷如飞。园中斫冰成室三间，广约四丈，高丈七八尺。门外（动物园）（斫冰成室）

13,12,23

左右鼓吹，亭列大炮六尊。四匝雕槛，二人立槛侧，刻镂之细，眉目手足逼肖。室内窗牖、榻几、椅杌、灯檠、衾枕，一一皆冰为之。然樟脑于下，其光贯彻，瑰玮皓洁，真所谓水晶宫宇，琉璃柱栊也。观者咸称异，谓其国所罕见。必冰坚厚，乃受匠裁。考其国一千七百三十年（雍正八年），女主安那宜万曾造冰宫，是岁极寒，今百四十馀年，依旧图式，复成此举，可以征气候矣。俄人嗜冰嬉，此园一广厦，贮水使冻，妇人孺子，竞往驰逐，间以奏乐跳舞，美之曰"习劳"，实游戏而已。

二十四日丙午　雪竟日。译法报，言"德奥意三国，近立秘约，防法与俄。德相毕士马，以奥意武备不精，严诫修治"。又谓"俄主增储军械，调兵赴边界，据称并无他意，然一旦有事，便是俄与德奥开衅。奥德意同力合谋，勿使之逞。德专主自守，绝不攻人；法如有事于德，奥必相助；意则守局外之义"云。 德奥意秘约

二十五日丁未　晴。俄报言：希洼之君萨叠来朝。布哈尔之君夏间曾至，嗣因小有猜嫌，暂停互市，今复如初。

二十六日戊申　阴，入夜雪。

二十七日己酉　阴。日报言：俄与阿富汗交界，今已分析，悉置界牌。其南沿暗木河左岸，过巴萨嘎村十五里为末界。

二十八日庚戌　晴。日报言：普鲁士之兵，防法者一百万，防俄者一百万，皆分布境上。曩岁，法思报复夙 普鲁士兵防法防俄

仇，无一日忘德。续因增兵增饷，屡经梗议，未有端倪，而饷糈尤绌。近日，闻有加收入口税之条，故毕士马克宣言于国，谓法谋不足虑，至俄之征调或云与邻国为难，实亦诸人之妄听耳。

二十九日辛亥　阴。

三十日壬子　微雪。

14,1,1

卷第十

日记

光绪十四年正月朔，癸丑，晴。

初二日甲寅　雪。

初三日乙卯　晴。译日报言：哈萨巴铁路又接修至霍札达勿烈特，近杂拉夫山河发源之处。又七河省（即仙米烈程司克）之威尔垒城，在伊犁河及伊西库尔湖之间，近岁地屡大震，陷民室庐，所伤实多，将北徙其城于伊犁河滨。 伊犁河区屡地震

初四日丙辰　晴。

初五日丁巳　阴。

初六日戊午　晴。

初七日己未　雪。闻英人自缅甸建铁路至南掌。案：南掌即老挝，北界云南，自前明内附，置宣慰使司，今仍

列藩服，向称恭顺。顾其国，本缅甸别部。缅依山负海，尚受英人之约束，南掌素弱，更何能为？屈身听命，势所必至。又英人垂涎滇矿，固非一日，南掌实傍怒江，转输货物，直达南洋，据此以窥滇，遗患非浅鲜也！又考：南掌，左缅甸，右暹罗。暹罗大于缅，有湄南、澜沧二江，田肥美，频海大埠六，得此更足有为英志叵测哉！

英人垂涎滇矿

初八日庚申　晴。

初九日辛酉　晴。闻阿母河上铁路又修至喀拉枯尔。俄新颁令，甲杂喀思批斯省丁税，每户一年抽五卢布。俄君右武，比岁添兵，张皇师旅，以待征战。近有增设武职之议，殆备豫不虞耶？亦无厌之心所致也。俄人尝云：其国提督官如恒河沙数，宜加淘汰，岂可再增。午后，过泥瓦江，游万生院，观奇禽异兽，凡数十种。有海马类豕，躯干甚硕，口大如箕；象知奏乐；狮虎熊豹，皆闭以铁柙。犀牛、山羊、麋鹿、狼狈、狐鼠、豺狼、猿猱、野彘、驼鸟、枭獍、锦鸡、鹦鹉皆备。最异者，雌狈腹下一袋如襁褓，中有小狈，首时信出探视；据称：此初生者，至能行，则跃出。花驴修伟，文如虎。又一物首似骆驼，身作驴形。方池畜海犬，大如獒，见人纵身出水，盘跚而鸣，其声戛戛甚厉。

俄君右武比岁添兵

游万生院（动物园）

初十日壬戌　晴。

十一日癸亥　阴。

十二日甲子　晴。

十三日乙丑　晴。译俄人记：海参崴入口诸货价值，

14,1,13

光绪十一年计二百九十三万五千四百二十五卢布，十二年增至四百四十一万有三十卢布。据称后当益畅。故近来俄于此埠极力经营也。 极力经营海参崴

十四日丙寅　晴。

十五日丁卯　晴。

十六日戊辰　晴。

十七日己巳　晴。未刻，颗利索甫来，出所译满文《通鉴纲目》四五页，又蒙古文《杂说》二页。云将译《圣武记》，又欲借《海国图志》。出其塾师示诸生教一首，言中国之学，以三纲五常为重。又分疏五常之义，约百馀言。文虽浅近，旨趣颇端。

十八日庚午　晴。

十九日辛未　阴，大雪。

二十日壬申　晴。

二十一日癸酉　晴。

二十二日甲戌　晴。午后微雪。游俄文案库，时工未竟，所有文卷尚未移入。其楼三重，列室八间，每室置铁柜十二。室外壁间藏救火之药，置唤人机筒。窗内用铁板以纽关悬闭，极严覆。壁设气管，收放冷暖气，水管通于四周，以便取吸。 游文案库

二十三日乙亥　晴，寒表至十九度。未刻游铸钱局，在泥瓦江西北岸。所司官倭联朵尔甫引入各室，指观其机器，或市于英国、德国，或本国官厂自造，大者一百匹马力，小者二十五匹马力；用石炭。每日出金钱大小四万 游铸钱局

（大者值十卢布，小者半之），银卢布大小三十万六千（大者百戈比，次者半之，至五戈比止），铜戈比大小约十三万（大者五，次三，次一，又次半之）。初以净质长方狭条炼熟，用机转铁碌碡，上下滚压成片。先以钢范冒切成圆坯，再加打磨，入酸水煮之，光采乃耀。再用机器左右推印边款，上下压印花纹，边识成色分铢。阳范俄主之像，阴范飞鸟承冠，识加冕也。案《汉书·西域传》：罽宾国以金银为钱，文为骑马，幕为人面（今英吉利金钱正如此）。安息国俗与乌弋、罽宾同，亦以银为钱，文独为王面，而幕为夫人面。《后汉书》：大秦国以金银为钱，银钱十当金钱一。俄殆犹存古制也。又凡印模二十一分称，分铢者十四，分压条者十，分煮钱者二方釜。金钱大者合中国库平三钱五分强，银卢布大者五钱六分，其馀递减。又观其分化金银铜铅炉厂，其金皆来自悉毕尔，金砖大者重一普特三斤（一普特合中国二十七斤半），小者二斤，如中国之方宝。其剪切所馀碎块屑末，复熔之。凡矿化去渣滓，取其纯质，人则各执一业，极有条理。役百馀人，董其成者二员，分司其事者六员而已。倭联朵尔甫复导游其先代国王之墓，去钱局数武耳。比德罗以下，则叶喀帖林后、亚力山德、尼可来，或祔其子，或祔其弟，或祔其有功大臣，皆在大厦中，不分昭穆。其葬法则悬棺下窆，砌石椁其上，椁之上置画像，金十字架。亚力山德第二者，今主之父，凡其平生所爱珍物器用，悬之壁间；其与瑞典、土耳基、法兰西、英吉利、波斯、布哈尔、爱

先王之墓

14,1,23

乌罕、希洼诸国战胜搴夺之旗帜，皆插于柱，以旌武功。归经撇持罗把勿洛甫司克炮城，盖拒敌西来，保护全城之垒也。其炮皆藏于内，用时推轴而升，台凭泥瓦江，用砖石杂土起造。其兵房火药仓居下层，周回约百馀丈，高丈许。据云因瑞典旧基，非新式也。

二十四日丙子　晴。

二十五日丁丑　晴，寒表至十七度。立春已一月，尚如此凛冽，俄人皆以为异。闻俄将建铁路于悉毕尔野尼塞省所属之阿陈司克至克拉司诺雅尔司克，以达于伊尔古慈克。夜，著公乃请茶会，晤比利时代办公使，言及彼国各厂制造机器枪炮，工坚价廉，英法官商皆往订造云。

二十六日戊寅　晴，寒表至十四度，午后雪。柏兰荪导游古今列国书库。凡楼二十楹，其蜡丁、犹太文在千馀年前者，用牛革录写，束作大卷，轴如牛腰，为彼国最古之帙。（考犹太开国于有夏以前，厥后遂启希腊，至商中叶，洒哥落从厄日多来立国，典雅始以文字传其国人。欧洲人通文学自希腊始，其宝犹太文，正如中国之贵史籀大篆也。）其次，则麻哈墨特之经文，乃得于土耳基，已知装潢成册矣。至俄主彼德罗叶喀帖林所自手录者，尤珍贵。又有蒙古文、西藏经典，其护页用革。若罗马，若英法，若荷兰，不下数千种。天文、算数、舆地、医学、化学诸门尤繁富，分别部首，或以类相从，或以一人所著者置一室。有大地球，绘东南中俄界，较今远至千馀里也。中国书籍有：《中枢政要》、《户部则例》、《清文经书》、 古今列国书库

《东华录》、《性理精义》、《朱子全书》、《纲鉴》等数十种。所庋约一百万卷。有广厦二区，如学塾列长几数十，国之好学者，可就观各书，且置一灯于左，虽卜夜可也。凡其国主自录，利格以次，皆范铅像，列书橱之顶。又凡著书宿儒，图其像，以矜式后学。其欧洲创始刻印在四百三十年，德意志人名古吞伯尔克。此庋庑乃一商人拉尔领所输，皆悬其绘像于壁间。左右石碑四五，甚古。问之，皆蜡丁文也。

有中国书籍数十种

二十七日己卯　晴。是日为俄主生辰，街衢悬旗申庆。

二十八日庚辰　晴，寒表至十八度。夜访佘威烈甫，谈及俄事，极言国用浩大，入不敷出，惟冀弥兵数十年，稍纾民困。又云：俄之坐贾，德人居十之七八，其心术皆狡，与土著殆难融洽。德奥人嗜利，不顾友邦之谊，往往自其国伪造卢布钞以行于俄，易金银钱以去，愚民罔辨，辄受其害。偕使馆法文翻译黄中书致尧，访德人柯銮柏尔林司克，谈及俄例：凡他国人入境，必请领护照，纳丁税每年四卢布，外一卢布杂用，及期更易，逾期有罚，不易则驱之出境。凡住逆旅及赁屋，皆先验之，如无此，即送官究理。他路外邑之人，来比堡者亦然，惟各国公使、随员、仆从，但备文知照，不取丁税，亦无限期；游历者同例。其国在官者亦免。此人识外部官，有谓此次中国游历至俄，知照太迟者，乃知晤吉尔斯时，询到俄日期，非无意也。

国用浩大入不敷出

14,1,30

三十日壬午　晴。日报言：俄杂喀思批思铁路已建至布哈尔境，民不惊扰，火车到时，观者如堵墙，无不称快。柏兰苏言：法国伯理玺天德格尔唯之婿唯尔森极有才，以购军械中饱，兼倚妇翁威福，多不法，朝野佥怨，格尔唯本已留位，因而罢去，唯尔森监禁三年，终身不许为官，可谓严矣！

二月朔癸未　晴。

初二日甲申　晴。得普国友人书，云德主于正月二十七日九点钟卒，其世子养疴意大利都，二十八日尚未回国，军民上下，颇涉惊惶，而法兰西使臣，又有回国之举。

初三日乙酉　雪。自初三至初六，为俄之大好日。家家食饼，男女逐队嬉游，歌唱酣饮，四乡之人辐辏。凡各跳舞会、旺乐会，趋之若鹜。巴拉干空地，特设会场，置秋千架，列剧馆，市种种戏具。学馆生徒，由教习携乘官车出游。街衢灯火千百盏，皎如白昼，达旦不息，各家门首皆悬旗。初七日以后斋戒，至四十日后，乃复举盛会。盖前之斋戒，为耶稣遭难，后之盛会，谓其复生，故尤举国若狂也。 俄之大好日

初四日丙戌　阴。闻俄人云：黑海诸口，如倭迭沙、克雷木，往岁皆不封河，去冬竟冻结，今始解耳。 黑海诸口冻结

初五日丁亥　阴。

初六日戊子　晴。

初七日己丑　晴。夜偕黄翻译致尧，访法人莫黎斯。

言俄入口税，较英法皆有增，惟廛赋稍轻，其款作修治街道、沟渠、官医院三者之用。马车亦有捐，却不重。至英法之犬捐、窗棂捐，诸名目概不立。其本国所产二麦、杂粱、石油，价较英法皆减一倍或二倍。人则护照税外，无所谓月捐。近有一总商某，由国派往巴黎，咨问法之税则，意欲仿而行之，非计也。又俄之欧洲各属，实沃壤，惜多惰农，秋冬霜雪既降，便事酣嬉，亲耒耜者岁不过五六月，种植本疏，纳稼涤场，亦殊草草。缘其民皆先代贵族奴仆，交常租外，足供家人食，即不更求生活，今虽脱籍，锢习难反也。

入口税较英法有增

初八日庚寅　晴。寒表入温度，积雪间融。

初九日辛卯　晴。

初十日壬辰　晴。偕著公乃游一萨礼拜堂，颇巨丽，不愧金阁玉铺，香梁露浣。有孔雀石柱，大十围。门扇皆铜为之，壁间范铜人极精妙。有一龛上，嵌金刚钻甚大。男女数十人，或跽或立，讽经不绝，大似中国庙宇中，愚夫愚妇诸乞祷状也。

游礼拜堂

十一日癸巳，晨微雪。

十二日甲午　阴。

十三日乙未　晴。偕黄致尧访毕叶士克。其人善油绘，绝精妙，知医。曾充游历官，至中国陕甘、湖广、江苏、天津、京师，著书甚富。

十四日丙申，雪竟日，落地即融。

十五日丁酉　阴。赴医士米叶唯迟家茶会。

14,2,16

十六日戊戌　雪。

十七日己亥　晴。

十八日庚子，夜偕黄致尧步涅佛寺街，遇哆洼司荠罗甫。其人在尼可来铁路公司，据称：即此一路，每年利息可得一千二百万卢布。

十九日辛丑　晴。

二十日壬寅　阴，晨雨。偕黄致尧赴朵倮斯朔甫茗叙。晤其长婿多喀略甫，自云司官轮船文牍，约礼拜二往观船厂。

二十一日癸卯　阴，夜微雨。往礼拜堂看德商某娶。其俗：婚期，男女皆至礼拜堂，张烛奏乐，数童子歌以叶之，神父领夫妇至神前，诵经教诫，既以手摩顶数四，咸俯首受诫，携归成礼。其亲友多来相礼，伴送男女各十数人，分立左右，给经文一幅，手执口诵。其他观者，楼上下近百许人。 德商婚礼

二十二日甲辰　晴。至大海街观俄狱。管狱官带领周历监所。其例：凡定罪后禁锢一年至十年止，男女隔别，司女监皆老妇，无男子。狱中设各作厂，督罪犯分造诸铁器、木器、绩麻织布、缝纴衣服、装订书籍、制皮鞋、制纸匣及杂戏具，如烟卷之类。各官船兵轮废缆皆解入，使擘之，取可用者搓绳索，织地罽。所成物售訾给各犯，衣食即以周转。初入者量其材质，以其能者教之，谓劳以工艺，柔其气而化其疵，使自食力，而官帑且为节省，较之汉时城旦鬼薪尤善。其罪重者，独闭诸暗室；馀或四人， 观俄狱各种劳作

或八人，或十馀人共一室。给枕褥衣履，庖湢皆洁。男女各立一塾，夜入习文字，置塾师教导之。又有习乐歌者，其官使案谱歌一曲，亦复大有节奏。狱中礼拜堂二区，至期皆相率顶礼诵经，先之以歌。其食每日凡三次，晨给茗，馀给油麦饼，人一肴。有疾者更处一室，以官医治之，别一庖，以防传染。楼凡四层，屋二百馀区。院中杂莳花木，下列长机，谓使各犯风乎其间，释郁散厉也。狱中向不许外人观，此次因俄人卜耒司克函荐，得往并识之。

二十三日乙巳　晴。午，过泥瓦江北岸，至海汉，游波罗的司克船厂，多喀略甫所约也。观新制铁甲碰船，其炉轮两旁厚八寸，夹底匡箱用铁四万三千四百普特，统各机器等用十二万普特，每普特合中国二十七斤半，值三卢布十戈比，共用三十七万二千卢布。长三百七十尺，宽五十尺。前吃水二十一尺，后二十五尺，载六千吨，八千匹马力。碰鼻用铜八百普特，其首锐，径十八寸厚，左右十三寸厚，一普特值三十卢布，计用二万四千卢布。坐水汽锅用钢一万八千五百有八普特。造十五阅月成船廓，工质并计，用二百有九万八千卢布。机器工质并计，用一百三十三万卢布。置十六尊后膛钢螺丝炮，上用活炮台，驾新式大炮二尊。今年五月可以出坞。寻常一点钟行七乌仄勒。一乌仄勒合一唯尔斯特四分之三。再加马力二千，一点钟可行十八乌仄勒。行时载一千三百吨石炭。其厂周围十五里馀，所用工役计二千馀名，专造兵轮。历观其锤炼

游船厂

14,2,23

钢铁、冶铸机器诸所，凡制器先成木质一具，觌验如式，乃范土作模，熔铁铸之。至于削磨修饰，无一苟者。其司炉管等，用英国人，馀皆本国人也。其督率工役，即水师官。据云：其机器桅柁等名，皆与荷兰同，盖其创始时用荷兰工师也。

二十四日丙午 雨。

二十五日丁未 雪。

二十六日戊申 阴。

二十七日己酉 阴。

二十八日庚戌 阴。日报言：俄将由杂拜喀尔省赤塔城建铁路至伊尔古慈克，已踏勘一次。夜访柏兰荪之兄，其官喀撒克队，颇鲁赤克人，甚爽直。因叩其全国兵额并军制。

二十九日辛亥 阴。

三十日壬子 阴。

三月初一日癸丑 晴。

初二日甲寅 晴。塔翻译约陪洪大臣过尼瓦江北，游阿尔喀的亚花园，并游近海小屿。横斜亭榭，缭以花木，颇得幽趣。其临水者，大类杭州之湖庄，皆富家巨室逭暑别墅也。

初三日乙卯 晴。午，游倭布霍弗司克炮厂。其管理官乌拉叶甫，导观熔液倾铸并锤炼、刮磨、镂心诸炉火机器。其一尺二寸口者，用铁至四十五吨，以次递减。或仿普之克鹿伯式，或仿法之锁头式，皆钢螺丝后膛中斫细槽 游炮厂者。又视其新式磷铜鱼雷，告以撞击之妙，且试拨其机，颇灵。据称：每一具值四千卢布，合中国一千六百金。又导至试炮处，用电机演后膛九寸口者二门。其厂用工役二千名，每日工食，由一卢布至八十戈比凡数等。其厂距城约十二三里，途间以小火车代街车。

"丁巳"当为"丙辰"以下类推

初四日丁巳，晴。

初五日戊午　晴。译报言：俄悉毕尔遣犯，有滋事情弊，其刑部大臣噶尔勤勿纳司克，以停遣诸囚，概归监禁，请于朝，未允。然科条略为改变，但发往喀米槎特濒海之区，馀地不遣矣。又查勘悉毕尔铁路之员，建议有由托木司克，经克拉斯诺雅尔司克，以达伊尔古慈克，再绕拜喀尔湖，过乞图城、聂尔琛司克城，至士特烈勤司克就阿穆尔轮船者。有由乌拉的倭斯托克修入至布司城者。又有从开迎斯克起，径从拜喀尔湖之北向东，至倭讷巴秦者。现在尚未酌定。议者谓乌拉的倭斯托克一路宜先，盖为商务起见，彼二路则近中国边。

遣犯至边

初六日己未　晴。

初七日庚申　晴。柏兰荪之弟宽思坦汀来，海部武职也。曾游中国各海口，因从访俄水军之制，并及诸口师船。

初八日辛酉　阴。

初九日壬戌　晴。

初十日癸亥　晴，夜雨。

十一日甲子　雪。意大利人克卜猎尔邀茶会。

14,3,12

十二日乙丑　晴。

十三日丙寅　晴。

十四日丁卯　晴。

十五日戊辰　晴。午刻，俄主在冬宫后，检阅新挑练之兵，往观之。其前锋步队约一千人，喀撒克队约四百馀人，又有武备学堂生徒，年皆十馀岁者，约二百人，先列队以待。场中设香案，教士十馀人立于侧，其大教士二人，服缘金绿袍，馀衣缘金黑袍，皆阔袖如僧袈。俄主携其子尼可来及其弟至，将举刀，兵举枪喝，间以鼓吹。俄主与诸将相见，皆举手额，俄主亦举，既而与之握手为礼，步行就行列周览，旋立于场中，教士燃烛、讽经、祭水，咸脱帽，兵将时以手指心画十字。讽毕，其领队官执大旗于案前，教士以所祭水洒之，又以水就各队兵洒之。俄主与众将随其后，既已，撤案，教士退。俄主亲传号令，领队者率所教兵，排阵左右行，步伐整齐。尼可来与其叔乌拉的密尔皆喀撒克提督，至此队则二人领之。阅毕，俄主与领队者握手，有武职十馀人，盖新迁除者，复亲就其前，一一审视，乃还。其后亦至，观于楼头。近日，俄主全家皆驻涅佛寺街太子宫也。 观俄主阅兵

十六日己巳　晨雪。气候颇寒，檐溜滴地皆冰。

十七日庚午　晴。俄报言：将于均官城开互市。其地距朝鲜界四十里，近土们江，有领事官微波尔曾言之，今乃举办云。

十八日辛未　晴。

十九日壬申　晴。

二十日癸酉　晴。

二十一日甲戌　晴。

二十二日乙亥　晴。

二十三日丙子　雨。

二十四日丁丑　晴。午游夏园，俯鉴清池，行穿乔木，杂花列锦，弱草展茵，联裾挽臂，往来如织。出步河堤，则见鸭头皱细，雁齿排空，机艇如飞，乍起双鹜。小舟半渡，才受两人。忆十日前尚一片冰雪，今忽易观，惊心物候矣。

游夏园

二十五日戊寅　晴。

俄鸡子节

二十六日己卯　晴。为俄鸡子节。盖其俗奉东教，以昨日为耶稣死，今日复生，家家称庆，食采鸡子。其法用鸡子裹以五色绒，浸水煮之，其纹斑斓焉。前十馀日，肆间售玩具，或木质，或草织，或绫锦，或玻璃，或瓷，或铜，或银，皆作鸡子形，傅以人物花鸟绘画，其中或置香水一瓶，或针、剪刀、梳之类，其粗者实以饧。民间纷纷购取赠遗，为馈节之礼。其至好者，必以酒食相邀约。

二十七日庚辰　晴。偕佘威烈甫访俄之华文塾师瓦西理。又同访格倭尔几耶甫司克，其人能通十馀国文字，曾游欧亚二洲，在华数年，博览中国书籍，能晓其大义。赠所著译中学书一巨册，极称纲常大义，为中国根本。又旁及古载籍，所读书则《五经》、《四子家语》、老、墨、庄，《列国策》、《国语》、《资治通鉴》、《三国志》、《路

俄汉学家

14,3,27

史阙里》、《文献考》、《太平御览》、《册府元龟渊鉴》、《汇函陔馀丛考》、《五礼通考》、《颜氏家训》、《温公家范》、《文公家礼》、《历代名臣奏议》、《古文渊鉴》、《经义考》、《毛西河全集》诸书。颇知考证古事，笃信孔孟。谈次，谓中国开辟最早，至今能守旧制，欧洲诸国所不及也。

二十八日辛巳　晴。赴芈蔑尔特之约，云其家在倭迭沙，为作书致其弟，属导游览。

二十九日壬午　晴。赴涅佛街德律风局，芈蔑尔特之约也。遍观其传语各机括，近者数武，远者二十馀里。司厥事者，皆妇女。赠图说二册。

晦日癸未　晴。使署送来俄外部所出护照、车票各一纸。

四月，朔壬午，阴寒，入夜微霰。

初二日癸未，晴寒，午微霰。偕柏兰荪过泥瓦江，游格致学塾。广厦五十馀间，分天文、算学、重学、化学、光学、律例、舆图、绘画、医理等斋。其究医理之室，集人髑髅数十于橱，又有全身枯骸立室中。至于鸟兽之骸，无不毕备。有巨象，其头大如十斛栲栳，脊骨合抱，据云数百年前之物也。化学室中，庋诸药水，分化矿质。其教习唯阒司几，方以迷药饲犬，缚于几，关其口，刺喉间一孔，用铁管插入，续以树胶筒，验其呼吸之数。笑曰：今德嗣君，正似此也。塾外有廊，悬巨绳，列梯，置木马（鞍马式），树铁柱，挂铁环，俾生徒暇时习勇伎，厉筋

游格致学塾

骨。又游水师学堂，有名伊万诺甫者，盖海军副将，导引

游水师学堂 观览，极其周至。凡国之师船，皆有一木质式样，其制小而精，船中炮位及活炮台悉具。其鱼雷船碰鼻甚锐，器藏鼻间，掀其鼻而施之，即近日之新式也。其海道浅深，沙线曲直，天文经纬，皆有图。其舟中施用之炮，或旧式，或新式，皆存一分于塾。并于室中作半船安炮，备轮轴机关运转施放之法，使生徒日习之，又必兼格致、测量、绘画诸艺。宿处列榻，各悬其名于左，规制宏敞，条律严密。

初三日甲申　晴。午后，访佘威烈甫。

初四日乙酉　晴。访噶勒什铿，托易俄钞兼沿途汇钞各函件。

初五日丙戌　阴。日出丑正二刻，日入亥初三刻。

初六日丁亥　晴。夜雨。午刻至俄外部，访其文牍总办吉罗唯甫，并辞行，坐叙良久。其人曾充驻瑞典、波斯公使，自言甚愿相结纳，惜事忙不获常往还也。观百鸟会，发行笥之黑海。

初七日戊子　晴。以提单交佘威烈甫，托其函致倭迭沙之友，代为提存。夜游万生院。

初八日己丑　晴。有俄之颇鲁赤克尼可来过访，昨于万生院所识也。即招饮于武职公所，导观习乐生徒，约八

观武职公所 十馀人，年皆十馀岁。凡民间子弟，不及挑选之年，无力入武备学堂者，许其送至营中，给其衣食，教习鼓吹。午后，多喀略甫以小轮舟邀游泥瓦江口，观鱼雷船、铁甲船

14,4,9

及俄主坐船，皆本厂所造也。

初九日庚寅　晴。巳刻，在尼颗来桥，偕多喀略甫趁轮舟出芬兰海湾，登柯特琳岛。盖海口平洲，实全堡门户。岛中居人五百馀家，有船厂、炮厂、军械火药库。其炮台曰“克鸾石达得”，就岛势突出指西南，炮门多向东北，俟敌船既入，从后击之。其大炮用机轴旋转升降，下至与水平，专以击轮叶、毁机器也。有五岛环峙其北，为角犄之势，上皆筑小炮垒，其波罗的海之师船，咸环岛停泊。多喀略甫约同访所识水师官将，属邀登各舟一观，询之已入城，不果往。申刻，易舟还，饭舟中，暮抵岸。登江上小榭，波影天光，荡金碧而戒采，菖条冶叶，绽新绿而弄晴。 登柯特琳岛

初十日辛卯　晴。有宰得立致者，俄主亲军之喀毕丹来，约游米列园。

十一日壬辰　晴。偕佘威畧甫访毕叶什克，三人共照一相，盖毕自精其法也。毕甚颂美中华，谓及生前必再游华一次。

十二日癸巳　晴。俄驻比得堡提督波布立颗甫，曾有函约观陆操。巳刻，往其把勿洛甫坡尔克（即步队战兵一营），该营领队官是日齐集其兵，即所谓教场兵，日日备战者也。先观其距踊横木、缘梯、缘绳、跃沟诸艺，既观卧地放枪之技。其枪后膛式如毛塞子，皆本厂所造。操练于室中，则用打铜帽枪，其的长四寸，阔二寸五分，上绘一人，悬二十五步外。凡四枪皆中其身。又有圆如髀侯 观陆操

者，盖武职习枪所用，其中红心大如鸡子，外凡七围，能击中心者为最。馀依次记之。每岁七月，红村大阅枪法，准者给以双枪，式银佩，等于宝星。其的有列屏式，如中国之射鹄，中寸馀为正的，盖立而击之者。其兵所居，每罗特别一屋。晨课毕，分班执枪环步其王庭一周。凡违令者，禁于别室。有定谳之所，倘所犯甚大，则送刑官，按律惩治。病者，有医官，有药室。又观其午炊，人给黑麦饼三斤，牛肉一大块，山药豆羹一盏，牛汤二人共一盂。每罗特别一贮靴帽衣服之室。其兵暇制皮靴，习工艺。营中有礼拜堂，凡没于阵者，镂其名于版，悬㡳间。旗帜经战胜至他国者，及战败而未失者，列于神前，以旌武功。又言：俄兵凡经征调，其军械、衣物、糗糒，人各自携，在昔颇累，近则日加节约，计自俄称八十馀斤，减至六十馀斤。盖每兵执枪一，初十六斤，今十三斤；子药初八斤，今七斤；铁锄初三斤，今二斤馀；三日干粮初十斤，今八斤馀；靴及袋初五斤，今四斤；水及瓶初三斤，今二斤；衣帽等初四十斤，今三十斤。又示以先代铜兜鍪及俄主加冕图。俄主戴银花冠，被银鼠氅，后亦如之。俄曾臣服有元，考元时，遣中书大臣迎国师诏服，银鼠质孙，疑俄固承元制也。自彼得罗变易古衣冠，效法英荷，惟此冕服稍存其旧耳。诸武职留餐，饮以茶酿白酒。申初，启程赴莫斯瓜，车所经过多林木，平畴方事耘耔。

俄兵轻装

十三日甲午　晴。巳正，抵莫斯克洼。其城距高埠，甚雄峙，元以前城门雉堞，犹有存者，护其王庭，今皆呼

抵莫斯科

14,4,13

为中国城。访佘威烈甫之戚托克马可甫，不值。

十四日乙未　晴。谒莫斯瓜提督多尔葛卢颗甫，不值。托克马颗甫之子写尔几，偕其商侣沙赫及佘友宰可甫来，即邀饭。偕宰可甫出城，行十馀里，登画眉岑，经其学馆、医院及俄主亚立山德第一之离宫，皆高松扶疏，绿杨摇曳，樱桃初花，与丁香、绣球相间。画眉岑多画眉鸟，因以名之。俯临莫斯限河，凭栏一眺，流水萦洄，层冈逶迤，百里平陆，中起丰隆，宝刹矗矗，金翠浮天。比得堡横塞海口，扼咽喉之要，此实千古名城，可以雍容坐镇者也。归经其王庭，观大铜钟，约十馀围，高及丈馀，重二万普特甫，惜已堕缺。左列大铁炮二，口门径二尺。又过其军械库，门外排列法主拿破仑战败所遗各种枪炮，约三四百尊。俄人矜夸，大都如此。 观俄主离宫

十五日丙申，薄晴。宰可甫约登卜来门炮台。就高阜而穴其中，居王庭之前，地适与之平，其上为广陆。即步入王庭，有宰得立致之友官颇鲁赤克，姓莫叶，经管宫门锁钥，一见即云“宰已先属矣”。导登其楼，遍观新旧可汗加冕坐床之所。屋上多作幕形，殆穹庐之遗意。楹饰赤金，雕绘宏丽，石柱光泽。寝室之内，器用服物颇华，自比得罗迁都之后，每嗣主继立，必至此宫行加冕礼，凡物皆易以新制，而前汗所用者别储之。有红绣花帐幔，犹指而告曰：“此叶喀帖林时中朝所赐也。”复登其绝顶，凭眺久之。俄之传东教在欧洲诸国后，而尊信最专，宫中礼拜堂至三四所，其大者贮罗马古衣冠，遍系珠宝，有重至 入王庭观新旧可汗加冕坐床之所

二三十斤者。银瓮六，盛灵洗油，云各城俱由此颁往。小园卧古碑八，皆思拉完文字，俄之先代旧物也。晚游万生院，方塘十顷，长松百株，雉已呼雏，鹿始解角。观寻橦走索者，由池东西树长竿高三丈馀，中系绳一道，人步其上，杂献诸技。阿兰因者（噶勒什铿之姻娅）来访，遇诸途，坚邀出城观诸贵族别墅。泰西之俗，富贵盛族，择郊外林薮，筑屋逭暑，谓得山水清华，可以蠲涤烦浊。俄之二京，地皆平旷，又多园林，故虽小康，亦取乡居之乐。

贵族别墅

十六日丁酉　阴，微雨。

十七日戊戌　阴。游博物院。其楼十楹，设各种农器、开矿机器、金银铜铁矿质；以土范各口大炮台，本城要地，又玻璃厂、瓷厂、饧厂，大仅数尺，而曲折尽致。又砌雪山，上范使鹿、使犬之人。凡鲜果蔬子粒，皆以蜡制成，极肖。又制造之具，无不备焉。磎鼠大于犀牛，遍身黑毛，长尺许，牙曲而黄，用全骨傅以鞟，而饰之如生。向传俄罗斯北海地，有大鼠如象，穴地以行，见风日即毙，其骨类象牙，即谓此也。游比德第一离宫，在北郭，绀宇丹楹，杨桦绕之，盖当日讲武场也。

游博物馆

十八日己亥　晴。观俄先代法物库，在其王庭之右，自米海洛以下，各主之冠冕、服用、车辇悉在焉。其冕银镂嵌五色宝石，中立十字架；其平常之冠，如中国之冬帽，貂檐密嵌珠宝，不用缨。其礼服黄色织金如氅，用银鼠带尾，其后长丈馀，拂地四五尺；后服亦如之。有器如

观先代法物库

14,4,18

胆瓶，上嵌珍异，光怪陆离，云是国宝如玺云，不知其说信否。其座帖金嵌珠宝，极华，亦有幂缂绣者。车厥大如辇，亦驾六马，皆黄绣幄辕雕金凤。马鞍有本国制，有土耳其制，有希腊制，皆珠宝烂然，真所谓七宝鞍也。其用物如刀剑、银壶、银盏、银盘之类，多英法各国所贻。时辰表形极古朴，有木廓者。其枪甚多，至百馀种。古时军械，有如戈戟者，有如矛盾者。弓矢弢绿，锦绣金塑，战将战马，均服钢铠甲，类中国古制，立室中如生。有中国玉壶、玉杯、瓷瓶、琥珀匣。访且拿司儿，俄之精天文者，为学塾师。登其观象台，示各仪器。其台圆形象天厥，覆如伞，用机转之。于隙验诸星缠叓，迟速过差。其人力学兼工制器，自造钟表，谓准以天星，不失秒忽。询其徒几何？曰：七八十人，其高才生仅四五人，馀皆一知半解而已。 登观象台

十九日庚子　阴雨。

二十日辛丑　雨。

二十一日壬寅。观糖作厂。其主人为宰可甫之友，名仄威黎。厂中纯用机器，涤炼极净，倾液凝结，复烘热加捣，其坚如石。所用质，形似莱菔而甘，肉稍粗。据云：欧洲皆以此，不如中国之用蔗也。 观糖作厂

二十二日癸卯　雨。

二十三日甲辰，阴晴不定。观印布厂。用机器兼以化学染色，瞬息变易。

二十四日乙巳　阴。

二十五日丙午，雨镇日。

二十六日丁未　晴。午刻，动身赴畿耶甫，仄威黎云其子在彼，即为电属相迓。阿兰因、莫叶金皆有书，属沿途友人照料。

抵畿耶甫
俄前都会

二十七日戊申，晴。晓过古尔斯克，其城依平冈，远望楼舍连云，约十馀里。酉正，抵畿耶甫，仄威黎之子已至，即导入逆旅。按：畿耶甫乃俄千馀年前之都会，距崇冈，面涅卜尔河，渡河绕向山后，则万瓦鳞次，廛肆喧阗，形势颇桀，衢路中凹，有细流涓涓。据土人云：百馀年前，尚为山溪，隔溪列肆，渐就迫束，今竟如行潦焉。连日途间所经，极目平畴，麦穗垂碧，菜花椒金，民风朴质，田间多设风磨，其土黑壤。

二十八日己酉　晴。午刻，往谒畿耶甫提督德连腾，

观炮垒陆军

告以将观其炮垒、陆军。当派一坡尔颇勿尼克，姓拉略诺甫，来寓导往炮台，登陟循视，盖因山掘堑，质而且坚。所用炮，即比得堡本厂所铸，推轴升降。其台雄视西南，极为得势。归过其军械库，门外积铜炮十馀尊，云系敓得土尔基者。山顶列幕屯兵，盖冬春居室，夏秋驻此。大厦数楹，绕以园圃，插柳莳花，有鱼儿牡丹一本，临风垂艳，诸将弁暇日游宴处也。其新兵一千五百名，日凡再操。酉初，偕往教场，观排演阵势，节以鼓吹，步武整肃。又观演枪，颇能命中。既罢，偕拉略诺甫行二里馀，登其临河山颠，坐危亭上，寻千馀年前女墙基址。纵目远眺，则川纡匹练，桥落双虹，小轮舟二艘，倏忽往来，隔

14,4,28

岸园亭，繁花如锦。询涅卜尔河轮舟水程。据称：由畿耶甫至克烈明出三百一十八里，来二十三点钟，回二十九点半钟；克烈明出至叶喀帖林思纳甫一百五十五里，来九点钟，回十一点钟；叶喀帖林思纳甫至阿烈克山德多礁无船，阿烈克山德至协尔酸有船而里数未详。

二十九日庚戌　阴雨。

晦日辛亥，嫩晴。巳刻，拉略诺甫约往俄主离宫一游。幽房曲室，陈设精洁，楼外碧荫成扉，丹英结幔。有梓树方花，去年在京师崇效寺咏此花，疑为祇园遗卉，今果见之。西域佛说有因，诚非妄矣。 俄主离宫

卷第十一

日记

五月朔壬子　晴。拉略诺甫复邀游务拉的密尔学塾，生徒大小约五百馀人，塾师三十馀人。本国语言文字之外，必通英法德三国者；天文、算学、图绘等学皆别一斋，而皆率之以习武。董其事者为提督官某，邀同周览，并使诸生衍技艺及排转枪队参伍错综之法。总归于上无慢，下无欺而已。其艺有成即送之彼都，亦论秀书升之意。是日为礼拜之第六日，已将各生冠服捡付，令其还家省亲，至礼拜第一日复入。日有课，岁有试，病有医药。有所犯，则拘于暗室，或一日或数日，无夏楚之威，而人皆奉教。

游学塾

初二日癸丑　阴雨。酉刻，登车赴阿迭沙，仄威黎之子及拉略诺甫、阿兰因之友该笃可甫，冒风雨相送。该笃

14,5,2

可甫为托波斯领事伊弯诺维池，电致阿叠沙，属其友巴劳乌作甫来迓。

初三日甲寅，风雨。午刻抵阿迭沙。其城距高阜，凭黑海，极蕃庶。街衢纯用方石墁砌，道旁植阿勃勒树，碎叶白花，处处皆绿阴门巷。伊弯诺维池之友巴劳乌作甫，来车栈相迎，并云：已为觅定寓所，价稍廉。即同至寓。饭后，持芈蔑尔函，访其父母兄弟。 抵阿迭沙

初四日乙卯，晨阴，午后雨。芈蔑尔之弟来。

初五日丙辰　晴。持佘威略甫函访倭波理纳。其人曾估于汉口、上海。伊弯诺维池约游小风塘喀。其地有园，依山临海，高阁突入海中。拟泛海归，既而风浪大作。

初六日丁巳　晴。午刻，谒阿迭沙提督罗卜，不值。游格物书院，其教习唯特噶黎穆，导引遍观诸化生，即蛱蝶一类，已三四百种；异形之兽，有二首羊、六足猫、骈生牛、并体兔。又有男女小儿全身骨胳，及所得古冢髑髅，能辨其为何种人。伪制人身脏腑、筋络，尤为逼肖。列玻璃瓶，水浸婴儿，由初孕至九阅月。凡各药水、机器，皆一一指视。芈蔑尔家邀茗，其父年七十，本西班牙官，在俄作领事，即家焉；有五子五女。 游格致书院观化生

初七日戊午，乍阴乍晴。枯喀而尼可甫来，噶勒什铿之友也。发衣笥，交倭波理纳。据云：秋初可到沪。

初八日己未　晴。朵倮斯朔甫约游医馆。专用诸禽兽之有疾者，剥取其受病之处，以分化法炼之入药，以治诸奇疾。其治颠犬噬最效，但以针蘸药水刺胁下，其病便 参观医馆疫苗提炼

已，亲睹针治十馀人。

初九日庚申　晴。枯喀而尼可甫约访一商务总目翻迭尔复黎特，询其每年出口、入口之货，赠书一册。

初十日辛酉　晴。巳正，伊弯诺维池约乘百斛帆船游海，观保护海口纯石坚坝，左右环抱，中如门，遇警置铁槛以限敌船，其工甚巨。堤内横建木桥，长六七里，上行火车，殆运黎瞒湖之盐至此入船者也。出口行三十馀里，至朵飞罗洼，岛势横曲，与城角峙。其南则万叠洪波，轻帆出没。有一舟同时开驶，伊弯命增帆相逐，竟驶过数里，并为指点海道沙线及使风之利钝。

海口坚坝其工甚巨

十一日壬戌　阴雨。

十二日癸亥　阴雨。

十三日甲子　雨。

十四日乙丑　晴。枯喀而尼可甫约至海滨，登载石油轮舟。盖此舟专由拔图穆运油至阿迭沙，其油不用箱匣，以吸筒就机器灌入艎中，到岸之后，亦以吸筒递泻而出。其筒接储油之仓，约四五里。其仓圆如幄，铁皮幔之，建于旷野，每区存油二万馀普特甫。外有玻璃管，长三尺馀，转其机，可以验所灌之分数。再由火车分运各城，亦以吸筒灌入车箱。其箱圆式，以铁包裹。车止处，用活铁板旁连一秤，灌毕而分两自见。据云：可省数百人工，而无渗漏之虞。

登石油轮舟

十五日丙寅　晴。观酿酒法，与中国略同，而参用机器，人力颇省。其酿白酒用莱菔质，盖饧之糟粕也。归途

14,5,15

过一机器厂，视所制火车、轮船、机轴、石磨、风箱，耕耘、刈获、错草诸具，皆施机运动，灵捷之至。据云：耕夫每日工资须二卢布，合中国银七八钱，若用机器，反可省费。

酿酒法与中国略同

十六日丁卯　阴。芈蔑尔之弟，约游城西椰柘阑。盖滨海层岑，饶花木亭台之胜，有水榭十数间，取浴之所也。据言：俄土战时，即就其地作炮垒，横截南来敌舟，最称扼要。近岸礁石尤多，三十年前，英、法、意、奥与俄构兵，英之师船曾于此撞沉云。相与披蒙茸，陟危磴，渡断岸以独木，转狭径以只屐，立于峭石之上，波涛绕击，恍惚动摇。

十七日戊辰　晴。芈蔑尔之弟，约趁火车游大风塘喀，在城西三十六里，海岸斜伸，地势峻峭，有灯塔高二十馀丈，用机器引电甚速，能照见三十里外。司厥事者，以册属题名其上。

灯塔能照见三十里外

十八日己巳　晴。巴劳乌作甫之友特拉巴尼，言有商栈主列弯拉宾诺维池，甚思一见。因偕往，观所储各货，以茶为大宗，其次则丁香、桂皮、胡椒、加非、消强三水、钢铁条版，有自南洋运至者，有自西伯利运至者。据称：俄人嗜茶，为泰西诸国之最，其咳复喀斯亦种茶，实逊华产，且不如印度。英人以印度茶夺华商利十分之二三，俄境亦颇有贩者，用以参和，更无他异。计每岁入口约六十万普特，较之从前损四分之一。告以中国之茶，惟贵国及荷兰每年销售最多，查道光年间，一岁曾买去六百

访商栈主俄人嗜茶

四十六万一千磅。又陆路由恰克图运茶，有一岁运六万六千箱，计五百万磅，较之英法实增倍半。渠又云：十年前，俄土战后，增入口税至每斤六十戈比，合中国钱三百文，商人苦之，故不能多运，倘能议减税，则两国茶业皆受利益，货物大可畅销，其税收数亦有盈无绌也。游机器绩麻造纸厂。

十九日庚午　晴。未刻，趁轮发。芈蔑尔弟兄、倭波理纳、伊弯诺维池、巴劳乌作甫、枯喀而尼可甫、特拉巴尼皆送登舟，各以书托所识友照料，既而立岸上，俟展轮后，犹挥帽遥送而后返。风浪甚恶。

二十日辛未　晴。卯正，抵哆洼斯托坡立，计行六百一十里。其地乃克雷木最要海口，亦最好船埠。港口两岸，炮垒形势颇佳。入寓午馔后，持芈蔑尔家所作函，往谒固必尔纳托古马尼，又以阿迭沙商务总目之函，访船厂总目宽克维迟，皆未晤。归，见市间多土尔基人（俄称土尔基曰“土烈士克”），询之皆佣工者。逆旅主人约游海滨园（俄人称海滨花园曰“不离洼兒”）。其人名叶唯尔拉耶，籍隶喀复喀斯，已五十馀岁矣，曾随兵轮至中国上海等口。备述英法意土与俄诸战事，盖彼四国与俄构难，其主尼可来以此口狭且险，舟师殆难深入，遂未增兵，不意敌由陆驰至，驻兵不满二千，主将竟以败没。敌据此城年馀，异常蹂躏，数经血战，方始议和，伤亡将士五十馀万。尼可来为敌所窘，愤极仰药而死。城中颓垣断堵，多未还旧观也。今驻陆兵较前增五六倍，又有铁甲防

抵哆洼斯托坡立

该城历经战事

14,5,20

护，专设船厂已二十馀年，俾随时添造兵轮，为巡海及游历各国之用。沿岸兵房，即是炮垒，高岸危崟，皆可伏炮。因言俄兵猛悍不畏死，虽近日普鲁士之强，无所惧也。普相毕士马克胜法后，以其地狭而瘠，颇艳俄西南土壤，其阴谋殆不可测。比年，俄人亦窥及其隐，故西面之防加密云。

二十一日壬申　晴。天气颇热，暑表在十四度。巳刻，出访古马尼，晤其妻，询知为芈蔑尔长婿，喀深略甫之女兄也。云其夫办公鲜暇，稍迟答拜。复过宽克维迟，其次子候于门，邀入。言父小病，其祖母出见，约明晚茗叙。未初返寓，即有船厂帮办来，云宽克维迟属其导观兵轮，约以明日巳刻往。

二十二日癸酉　晴。巳刻，往隔岸船厂，遍观其制造各机器。有头等铁舰名“扯斯马”，造成后，屡经修改，为俄黑海兵轮之冠。据称：英法铁舰之大者，皆不能出其右，惟意大利之“累蟠鼍”较此稍巨耳。适将试驶于外海，因请登览。晤古马尼、宽克维迟，遣员导观。下至舟底，上至柁楼，所谓双底隔堵甲堡，无不毕视。船首树铁桅，上缀小炮台，其桅中空，人由内升降，用系帆樯兼以眺远。左右二活炮台，每台大炮二尊，专恃舱内铁轴撑托旋转，虽重千钧，随机推运，平时庋于船面，下有圆铁盘，微凸围之，虽名为台，无所谓台也。其机器由比利时定造，称九千九百匹马力。船身吃水二丈六尺，载一万一千吨。护机器铁叶厚一尺六寸，馀五寸强。舱内左右炮

访船厂观铁舰

房，各安大炮三尊，船尾鱼雷筒一具。别泊一艘名“叶喀帖林”，大小略相类。云其机器乃本厂自造，未知确否。询厂中工役，皆本国人也。其博波拂圆铁甲二艘，亦泊此口，形如设楼橹于龟背，其制拙矣。木质兵轮一名“撇尔木”，一名“切尔赤”，一名“枯班”，一名“泥洼”，皆小。鱼雷船二艘，视波罗的海之“伊理盈”尤小，俱甚新。申刻，放扁舟港中，遍睹诸胜。夜赴宽克维池茗，聚坐间，皆水师官，曾游历中国者。询知俄自咸同之际，即常遣舟师游历各国，其测量我海口，窃探我虚实，侦采我利弊，殆已二十馀次矣！

俄测我海口已二十馀次

二十三日甲戌　晴。古马尼遣员伴游，巳刻来寓。先同至博物院，规制颇狭，储旧炮八九尊，枪二十馀枝，有夺得英法各国者。小楼三楹，壁上悬油画尼可来以下三主之相。尼可来之靴剑及他服物数事，设于其相之下。他屋悬咸丰甲寅、乙卯间与英法意土交兵阵没诸将之相，又绘当日战事，共二十馀幅。有本境大地图一帧。因至城北隅，登其阜，寻旧时拒敌炮垒，览对岸诸山英法各军营屯之处，盖陆战仍以居高临下为得势也。既而南行数里，至于海涯，访二千年前城郭旧基，面临沧渺，背倚平冈。按《后汉书》：“条支国城在山上，周回四十馀里，临西海，海水曲环，其南及东北三面路绝，唯西北隅通陆道。”诊察方舆，此全岛当是“条支”故封，魏晋间并于大秦，唐代入西突厥，后又自立为汗。元明之际，国脉衰弱，因附于土尔基，乾隆中始属俄，徙治内港，而此城遂湮。周

访二千年前旧城基

14,5,23

览其间，垣墉衢路，犹可辨识，而蒿深蓬翳，井废灶夷，颇触盛衰之感！土人方掘地深至三四丈，得古冢累累。又见其下有屋宇，集诸陶器，如瓶如盎如军持服，匿铜檠玉环泉币无数，皆朴属微至，或类中土物、残碑断础十馀截。言碑乃希腊字，颂美君德，徽徽溢目。欧洲人谓希腊为最古之国，其文传自佉卢，为诸国所祖。按史，汉皆称西域之文，画革旁行，即此足证。惟未有言及希腊者，昔恒疑之。既思希腊之名，乃近日由泰西语译出，隸细审西语，其音与条支实近，或条支即希腊耶？若今之希腊，乃新造小邦，益转徙而南矣。民居窟室，未必尽然，疑缘地陷所致。又有礼拜堂，距其山顶，主教者殷然留坐啜茗。山间丛草展黄，花如迎春，芬芳扑鼻。询之，曰梨棕也。归自港口，观两岸炮台，有明炮，有暗炮，有伏地雷者，子药仓皆隐于地中。炮仿德厂桑的密达式，或九寸口，或十二寸口，云皆本厂所造，凡二十馀座。列幕屯兵，其防甚密。 观港口炮台

二十四日乙亥　晴。有巴劳乌作甫之友喀罗梯，希腊人也，约观所设机器磨麦厂。其器皆从英国定制，每日出麦粉五十普特，所用工役才七十馀人，每日工资由八十戈比至二卢布止。极洁之粉，五普特甫值十一卢布七十五戈比，合中国钱不过二十馀文一斤，至下者四卢布五戈比。其门外一面接火车路，一面接轮船码头，转运于各城甚便。 观磨麦厂

二十五日丙子　晴。辰刻，赁三马车出城向西南，循

观昔日战场

法人行军所开路，行五里馀，观昔日战场。方三十馀里强，坂坡浸衍，正戎马驰骤之乡。近北有两小岭回合处，曾以一战歼法兵四万馀，足为孤军深入之戒。旋至法瘗阵没将卒处，有守冢法人，就询之，其下盖八万人。绕以垂杨杉桦，杂以异卉。有白花，俄人称曰“倚离”，实晚香玉。距此数里，有英人瘗将士处，约六万馀人。至俄人瘗将士处，不下二十万人矣！南行二十八里，巉崖岓束，碧潭渟深，临水画楼百尺，柔杨婉拂，间以荆扉篷室，堤前兰桡接泊，其地名“把拉赫那洼”。昔年英兵首取此地，为屯军食储器械之所，崖际题名，皆英之将佐也。有令长舍迟庚来相见，即呼小舠同载，望其山巅，残砦若囷，颓墙若幛，咸称为前代炮垒。舟循两山曲折行，如下瞿塘滟滪。既出，则极目巨浸，乃知为黑海小汊。一叶随波，载沉载浮，仰见废垒之基，如在天半；峭壁斗绝，怪石突出，浪蚀云根，憔绉惟透，鼓枻回旋，炊许乃返。舍迟庚为指英之兵轮触沉处，英人所树电竿处，盖其距守最久，厥后亦极难下，地使之然也。邀至其家，设酒茗款待。申刻，归途经葡萄园，南东其亩，剪旧蓄新，根巨盈把，而高不及五尺，近根插一树枝，不构架，结实蕃者至一本数斗。其法正类吴越人之种桑。又游城东北，山半岩穴，景殊幽邃，不知何年凿为礼拜堂也。磨崖题名其上。夜，古马尼邀茗。

二十六日丁丑　古马尼赠二函，一致梯富丽斯之固必尔纳托，一致八枯之固必尔纳托。

14,5,27

二十七日戊寅　晴。

二十八日己卯　晴。暑表至十五度有奇。晨向古马尼索函，知照巴合迟萨来之有司官。酉初，趁火车往。一路重嶂叠绮，悬崖擘玉，如在天台雁荡间，计程九十里，凡经六山穴，或一二里，或四五里。戌初抵巴合迟萨来，易马车，二里入山凹，阛阓栉比，约二百馀家，地形如釜底，昔年克雷木汗之旧治也。街弄颇狭，仅容两车并行，列廛多瓦屋，低隘鲜楼居。土著皆鞑靼尔，居处服食，咸守旧俗，往往当门席地而坐。其冠制类土尔基，或用黑羊皮，或用红毡。妇女不见外客，出则白布制罩，自首及身皆蔽之，但于两目间留长孔。《新唐书》"大食国女子白晰，出辙鄣面"，此足以证矣。访其旧汗故宫，由有司官导引周览。门内为院，修广约二百弓，旁植桦树，中有清池，树阴有奏乐者，盖今为游玩之地矣！其屋纯用木质建造，楼舍半仿波斯式，门扉窗牖，绘画青红。其治事所，中设圆案，四壁倚长榻，铺蛮窠锦褥，花纹古朴。寝室设螺嵌圆机，悬玻璃镜，其边铜叶镂铸花纹，染以采色。所用茗碗、巾帕犹存。其谳狱讼，即在宫内，有若堂者，其上一阁，刑官鞠审，汗自坐阁听之。又有待公使厅事，环设长榻而已。询之曰："自叶喀帖林第二征取此岛，今百五十馀年，何以其宫尚如新?"乃云："岁有修葺，平日扃闭。葺资科于民，遗黎思旧，亦乐输也。"有花圃，种蜀葵、玫瑰诸花，葡萄、朱樱、蜡樱、林禽、李梨诸果。胡桃树大十围，黄杨数株，其本如小儿臂。绕城皆山，石

抵巴合迟萨来

访旧汗故宫

泉渍溢，就而疑之为方塘。塘侧设白石案，上结葡萄棚。又就石凿如碑，镌横花纹其上天方字，横插铜管泻细泉。历世汗初瘗于一园中，后瘗于室，皆有碣纪其名称岁月。又一圆冢，岿然绝大，谓是其汗之妻，波兰女也。有礼拜寺在其侧，阿浑方率众祷祀，邀入观之。室中暗，终日燃烛，皆解履登堂，跪而默祝膜拜，诵经甚虔，音亦如梵呗。无神座，但就壁砌一龛，作半幕形。《明史·西域传》言：沙哈鲁部在阿速西海岛中。案：黑海中无大岛，惟克雷木三面皆海，适当阿速之西，俄人称为半岛，其民当即沙哈鲁之种族。魏源谓哈萨克西部，有格腾里大泽，泽有大山，即里海之岛。何秋涛辨其谬，知其为黑海，而不能实指岛之所在，抑知里海乃在阿速之东，而格腾里即车尔诺谟咧之译音也。亥初归，游人颇众，车为之塞。

观礼拜寺

二十九日庚辰　雨。

六月朔辛巳　阴。

初二日壬午，微晴。申初，乘车启程赴鸦尔塔。经过之境，峰壑奇秀，其青绿平远，不啻李思训画本。而石骨劖刻，嵚崎岿伟，又有如王叔明者，如黄子久者，如倪云林者。道旁多苹婆果、胡桃、山梨、榛栗，又有桦柏栝柏，野花红黄妍媚。行八十里，夜宿拜达尔山，乃频海一关隘也。念山中五里、十里间必展平陆逾万顷，其间所产二麦饶裕，葡萄、淡巴菰甚美，其他果实亦繁，宜其能自立国也。然使闭关自守，不与强国交通，迄今或绵馀祚。乃山城斗大，遽尔称汗，又复不自量力，抗礼大邦，互遣

赴鸦尔塔途中

14,6,2

介聘，慕其靡丽，辄多效尤，至取艳妻于波兰，延教士于阿剌，罔知韬敛，触彼贪憎，迨召西邻之责言，求为东藩而不可，是真自诒伊戚矣。凡诸弱小，不当取为前车之鉴耶！

初三日癸未　晴。卯初，起立于关外，俯瞰海波，如冰拆纹，凝而不流，盖高逾数百寻矣。登其左峰，观日初出。卯正发，取道关门之右，回旋上下，面北依山，面南临海，其山棱棱露骨，壁立万仞，锐峰三五，瘦削若簪，丹霞白云，游曳其上。近城则茂木娇花，泉声鸟语，倍饶佳趣。午初抵鸦尔塔，入乌拉犀旅寓，计行六十五里。饭后，持佘威烈甫函，访托克马可甫。其居近海，南岸距城二十馀里，名“思坦栖亚米希霍尔”。即循晨间之途而往，相见甚欢，即邀游倭兰左扶，盖昔王爵倭兰左扶之第，皆石室也。凝山创基，架林栽宇，坚而壮丽。园圃幽静，割涧引流，穿度花畦，牡丹已谢，朱藤红榴竞开，间以蜀葵、玉簪、夹竹桃、美人蕉、翦秋罗、蔷薇、牵牛。又有厚朴，花如栀子而大，时散妙香，即西域之木莲花，俄人名曰“马格倶理”。有树其叶类木榉，而根干朱色，未详其名。问其主，早已物故，子娶意大利之女为妻，遂亦他适，惟留仆看守耳。室中书籍、几榻、油画皆完好，斋阁供文具如其生时。言此王乃尼可来时所封，出镇黑海，颇著政绩，又资敏好学。由拜达尔至鸦尔塔岭路，向以崎岖不能行车，自渠来镇，募工凿修，遂成坦途。又访梯都式金（英人译曰“第图晋”），其人曾充同文馆教习，

登关瞰海

游王爵之第

能为中国语，以酿葡萄酒、制白垩为业。芈蔑尔之母有书，称克雷木，乃俄境之瑞士国。

初四日甲申　晴。托克马可甫携其次子来访，约至舞苍苏观瀑布。天久无雨，其流甚微。山中古松盘郁，约千株，奇观也。山腰巨石耸拔，其下绝壁，有废垣，云是四百年前炮垒，为守隘而设，其式实碉堡也。近日欧洲诸国，凡有海口者皆舍陆防水，又必辅以舟师，不使敌人登陆一步，若此者皆所不屑为矣！晚，至俄前主离宫，沿海创建极杰。今俄主别建一园，规模损其半，相去约三里。弟图晋来。

观瀑布

初五日乙酉　雨。

初六日丙戌　雨。

初七日丁亥　阴。与托克马可甫作别，赠三函，一致托木司克，一致伊尔古慈克，一致恰克图，属其友代为料理市车诸务。并言天津顺丰洋行渠有股份，其友斯他尔则甫，到彼可访也。

初八日戊子，微晴。第图晋约至其家，饷以中国肴馔。楼舍依山，极园林之胜，有胡桃树百馀年矣，广荫十馀亩。又同车至海岸，游一玻璃楼，盖逭暑者赁居焉。见木制小浴室，下置四轮，可輂入水中。归途见山畔多鞑靼尔村，皆瓦屋，瓜庐凿牖，曲突当门。女子不挽髻辫，其发作五六股，眉涂赭作一画，其中微弯，衣阔袖，戴圆顶片金帽。

一胡桃树广荫十馀亩

初九日己丑　晴。酉初，趁轮之拔秃木（舟名倭尔

14,6,10

噶)。

初十日庚寅　晴。寅正，至斐倭多西，计行三百二十六里。其地滨海，廛市约二三百家，有炮垒四座，山半废城垣约二十丈。案：东晋永嘉元年，大奏王君士但丁，建大城于他大尼里峡，以制东方。其地今为土尔基都城，距克雷木不过三日夜水程。所谓东方者，疑即里海诸城及此岛也。适有地方武职来舟，询登岸游否？因舟即发不果。问此废城系何代所遗？答以千馀年前，意大利人所建。足证克雷木之曾入大秦矣。午初，抵切尔赤，计行一百七十六里。舟人云酉初乃发，因登岸一游。居民约四百家，有新式大炮台，距港口西岸。城东三里有古冢，石椁大如广幄，其上隆起如山，墓道已圮，内积古碑及石斫人物，不可胜数。碑皆希腊文，石像有类中国寺宇之弥勒如来者。思访一元碑，竟不可得，盖大秦“条支”，乃西域名国，文物最盛。元起朔方，专事强武，洎主中夏，乃振兴词章，宜此无寒陵片石也。登城中高阜，揽其全境大势。上有废礼拜堂，询之土人，亦不知何代所建也。有博物院甚小，其陈设皆克雷木土中所得古陶器、古钱、玉佩、铜铠甲、铜瓶、铜壶、妇人钗钏耳珰，皆苔鲜斑斓。 至斐倭多西 抵切尔赤

十一日辛卯　晴。自发切尔赤，傍高架所山行，烟岚秀壑，翘黛鬬青。酉初，抵苏烘克列，计行六百六十三里。其景物类鸦尔塔，亦无深港曲汊，居民约二百馀家，有土尔基所建炮垒，已毁败。访其镇守地方官坡尔颇勿尼克悦颠司喽，其家园圃，莳莳花木，有马缨、夹竹桃、栀 私家园圃

子、石榴、月季、蔷薇、芍药、西番莲、厚朴、绣球，时皆展放。别有草木异卉十馀种，兼种茶。其花洁白芬芳，云中国种。又言山中种茶颇宜，惟采制之法未精，难敌华产也。老枫百株，高七八丈，阴作绿天。石沼激泉，琴床待月，主人之居，藤萝延扉光入牖。适因公将之枯榻伊斯，即同舟行。途见水牯服车，盖欧洲所罕觏也。土人阿布哈思最多。亥初启碇。

拔图木多回民

十二日壬辰　晴。酷热。寅正，抵拔图木，计行二百四十二里；入逆旅。其城横阻黑海，有守隘新式炮台五座，有俄主花园一区。乘车往游，途间见有用铁叶建屋者，其山产铁故也。多回民，小商贩皆土尔基人。闻近梯富丽斯路小损，有同舟查铁路之坡尔颇勿疑克聂士帖略甫，约同之枯榻伊斯。

询其土人种类不一

十三日癸巳　晴。与悦颠司喽聂士帖略甫结伴行。辰正发，饭桑得列齐，未正抵枯榻伊斯，与悦颠同寓。夜，聂士帖略甫邀茗，尝鲜榛栗。询其土人，种类不一，曰“格噜吉拉”（疑即唐时西突厥葛罗禄之遗也），曰“明格烈拉”，曰“纳窄”，曰“蔑理勒”。性皆朴鲁，俄人驱使如犬羊。犹大〔太〕人亦不少。热至二十馀度，忆车中见高山积雪，亘数百里，何气候之不同也。

十四日甲午　晴，暮微雨。热至三十度，人人挥汗如雨，而土著民仍戴皮冠衣毡裘。见一叟衣马蹄袖，询知为土官。又有王爵，亦长袍窄袖，盖其旧制也。俄人之治其国，多效法中朝，彼京之设内阁及各部院，虽不尽同，而

14,6,14

大致略似。其治高架司新藩，改土归流，即仿我治苗疆之法。凡旧日酋长，予以隆号美称，而悉归约束，但使衣租食税，长养子孙，即土知州、土知县之意也。平居衣仍旧式，至愿自效者，亦如中国，先给品阶，或积功至提督，其服一遵时制矣。聂士帖略甫以拍照见贻，并索小相。有果形如桑葚，草本，俄人名曰“马理拉”，在阿迭沙曾食之，色红味甘酸，云由土尔基来，今枯城所产尤肥润。又产匏，市间所售匏制樽壶，镌云雷之文。

仿我治苗疆之法

十五日乙未　晴。悦颠司喽言晤枯榻伊斯之固必尔纳托，谓中国人未有至高加索者，亟思一见。旋遣车来迓，谈次甚相得，即欲遣员导游，约以明晨。署侧花园，有紫厚朴一本，绝似辛夷。游廛间，见所出丝绸，有类西蜀产者，有类东瓯产者，皆较粗，其丝不纯洁，盖山桑茧也，染练之法亦未精。

中国人未有至高加索者

十六日丙申，微阴，仍热。辰刻，固必尔纳托遣员约同出渡梨渊溪，登城西南山，观昔格噜秦废硐。阻溪为堑，就崖穿穴，有如瑶童所居。盖格噜秦实先见逼于蒙古，次臣于土尔基，后潜入罗马东教，纳款于俄。乾隆年间，俄土兴戎，乃割隶焉。有大礼拜堂距山顶，惜已颓败不堪。崖际新建一寺，登其楼，则山川城市尽在眼底。院前椴树二株，皆垂荫十馀亩。人家篱落间多木槿，有红李、黄李、蓝李、底珍果、梨、桃，其实累累。山石荦确，樵径崄峻。询其民风，朴野强悍，喜斗争，恒佩刀剑，挺刃寻仇。

观昔废硐

十七日丁酉　雨。

十八日戊戌　雨。

十九日己亥　晴。未刻发，冒大风雨登车，沿溪行乱山中。路上下盘折，或穴山而过，盖依泉脉就地势为之。山间麦已熟，玉粟方穗，民居板屋，勤穑事。山上时见废碉。夜子刻，至梯富丽斯。

至梯富丽斯（第比丽斯）

二十日庚子　晴。有巡街官来访，自愿导游，即携之出，遍观城市。访固必尔纳托叶尔洼希侧，不值，将古马尼所致书与之。有王爵兼领格聂拉勒固必尔纳托者，姓敦笃可甫，时赴撇桼果尔司克，摄其事者曰"舍啊蔑节"。复访之，因游俄主离宫，颇壮丽，楼头悬刀剑鞘柄，悉嵌珊瑚、珠宝，庋银镂瓶钵，细侔鬼工，波斯物也。鞍韂鞅靮，嵌绿松石，杂以银花，土尔基物也。其酒器，有长四尺之牛角杯，乃格噜齐拉之旧制；弓矢鸟枪，则蒙古所遗。钢锁子甲，上置黑漆，兜鍪以黑皮制两耳，不知何代物也。有印度紫梆几机，雕刻工细；油画俄与土尔基、波斯战事，及收服格噜齐拉之役。树希洼大旗一具，盖本镇之兵出征所搴也。有广园，花木阴森。据称，俄主八月临，即止是宫。又云，其主于此新置葡萄园，将亲省之。案：此城乃杂喀复喀斯之首剧，东西重岭绕抱如城郭，中跨枯拉河，河中有洲，济以双桥，楼舍连延，形势差似畿耶甫，而键束弥密。土人种类不一，阿尔绵格噜秦最盛。市贾多波斯、土尔基人，各驻领事一员。晚晤叶尔洼希侧，谈次极敬中华之礼教，云有法人游历遍东西地球，所

游俄主离宫

14,6,20

著书惟颂美中朝。又言：华不尽效泰西之机巧，所以培养根本者甚厚，所以文武诸臣，皆选之本国，不借才于异地，实为灼见。其言虽正，然亦有激而发也。盖俄自比得罗变易旧制以来，屡代皆重用他国之人，如吉尔斯英人也，德腾罗卜颗尔甫其先皆布人也。如此者甚多，俄之世族及有才智之士，屈在下位，难泯怨咨。 极言中华之礼教

二十一日辛丑　晴，风。叶尔洼希侧来，询以俄与普近颇不洽，其故安在？渠谓：普尝得俄助，今毕士马克竟欲主持欧洲全局，而视俄为几上肉，虽形迹未尽露，而两国报馆主笔者，已先互相攻击，不免摇惑人心耳。又言：俄民怠于耕凿田亩，辄至荒芜。闻中国二顷之家便足温饱，今俄虽十顷犹称极贫。又各城刑官定谳迟延，小民颇受其累，积弊甚难挽救。俄人染英法之俗，男女自主婚嫁，彼此拣择，不稍降格，至女宁终身不笄，男宁终身不室，此丁口之少所由来也。 俄普不洽

二十二日壬寅　毕叶士克之友洼尔塔诺甫得函来访。盖阿尔绵族，言毕君乃渠平生第一良友，毕函言君至即如渠自至，此应如何款接耶？因言此城属我虽百年矣，而其政俗大有异焉。盖土著旧有城长，凡城中大小事及建置因革皆主之，每一礼拜聚议二次。城长由各族公举，四年更易，一正二副。各族亦有领袖。至议事时，长居中坐，副居左右，各族领袖坐其前。每事先由城长发令，有不便者许议驳，咸允始画诺。盖俄君予以自主之权，虽其总管官不能干也。因约同往公所，晤其长。导观各办公之处，颇 土著城长四年一举

有条理。

二十三日癸卯　晴。洼尔塔诺甫来，约至溪东观阿尔绵时废城，盖建于山巅，不过方三四里。又言：溪东依山者，昔之城市，至于桥西，皆入俄后次第建造者也。有菜肉市，悉平屋如中国式。贸易者多土著，兼蒙回种人。沿河观水磨，水车皆如中国制。观布厂，自弹絮、纺纱、煮练、梭织皆机器，既速且精。申刻，邀至家饭。

至溪东观废城

二十四日甲辰　晴。有王爵撇布拖甫，阿尔绵族，属巡街官约见，即往访之。闻将游萨马干，为致书托蔑尔甫之领兵官照料。

二十五日乙巳　晴。洼尔塔诺甫邀游格噜卜园。见红蓼，闻蟋蟀，有打双陆者，询知传自千年以前，尝疑高架所诸族，皆西突厥之遗。考李唐时，民间嗜双陆，是时与突厥通好，岂其国俗相延耶？洼尔塔诺甫言："梯城昔多法估，近十馀年俄人渐究商务，法估遂稀，虽有领事而实无事。"又言："俄织哈喇大呢，未尝不精，而俗尚法产，自增入口税后，而用本国所织者渐多，此亦塞漏卮之法也。"

游格噜卜园

二十六日丙午　晴。土尔基领事皆毓达得别伊来访，前在撇布拖甫家所见也。云一二年内将游中国，又言："阿剌伯为回教之宗国，内有直达山，山有蔑克寺，教中人皆往朝拜。十馀年前，有中国甘肃、云南同教者十数人，由里海来梯富丽斯，旋诣蔑克讽经把斋。"昔闻秦回初讧，实由滇逆杜文秀潜遣人煽惑，以此证之，洵不诬

14,6,26

也。洼尔塔诺甫来，谈及溪东有温泉浴室最古，城即以此得名，盖以阿尔绵尼、俄罗斯两境方言之称温泉者，合而叶之曰“梯富丽斯”。约往取浴，室幕形顶一牖，云是土尔基式，真行国穹庐也。泉用铁管引激而上，自壁间流出，承以二方池。 浴温泉

二十七日丁未　晴。暮至车栈，将发，先致聂士帖略甫函。适有该国察路官车亦赴八枯，其官即延登车，周旋间，车已驶行，仆役不及相随。中途得电，知洼尔塔诺甫已为市商车坐位，与行李同来矣。

二十八日戊申　晴。途经旷野，飞沙漫天。午抵八枯，地产石油，乃商业之最大者。产甜瓜，大可四五斤，味如哈密瓜。黄蜡李似槜李，而香味不逮，与蜀之垫江李正无异。市井多波斯人，土著则阿尔绵、韃靼里为盛。韃靼里剃发自顶至额，留两鬓。波斯人首戴黑羊皮帽，喜染髭须作赤色，马鬃亦然。其城滨里海，童山沙碛，雨泽甚稀。岁秋冬得数日甘霖，则人人称庆矣。天热至五十度，患暑奁甚。 抵八枯（巴库）地产石油商业最大

二十九日己酉　晴。胸膈闭塞，头目眩晕。斐利泼波弗得噶勒什铿及枯喀而尼可甫之函来访。其人乃阔阔烈甫所设石油公司之董成，约明日往观产石油处。为市金鸡纳，属合生水服之。午后，觉烦郁略解。暮，扶病访斐利泼波弗。

三十日庚戌　晴，大风。偕斐利泼波弗出城，行十里至巴拉酣，观产石油山。其法：掘井深至八九丈，口阔一

观产石油山 尺八寸，下渐狭至一尺止，正似蜀之盐井。其油之佳者，即自下涌出，而以机器转递入筒，如瀑布悬流，俄人称曰“风塘”。其次，用修绠系筒，上作辘轳，以机器汲取，地上纵横铁管引之，或至十馀里外。每一井上建高楼一座，风塘每日出五十万普特甫，汲筒每日五六千普特甫，合计此山每岁出油一兆五千万普特甫。又行十四里至苏拉酣，有火山，火所逗处，磊石围之如列灶。就山建厂，炼化石油，分作三四种，膏机器者为最贵，色深质酽而腻清者，作灯油，俄人名曰“格拉薪”。如需烈火，则然石油渣滓，馀惟引取山火为用。中庭树铁筒，光芒烛空，皆自地中出也。守厂者有小园亭，桑枣成阴，菊苗披拂。厂旁有学塾一区。有印度寺已废，见梵字石刻一方，云百年前印度僧来募建也。天毒热，骄阳拗怒，南风济温，野尘著肤，旋入毛孔，马汗洒袂，便作瘢痕。车行乱石间，颠顿异常，道旁偶见黄蒿数丛而已。沙漠产驼，用以负重。民间运物之车，其箱如中国轿车，而辕高轮巨，其辐数至多，疑为高车遗制也。归，闻阿母河桥折，杂喀思丕斯火车暂停。

七月朔辛亥　晴，风。斐利泼波弗以电告：噶勒什铿复电，殷殷相忆，特送阅。即托返电作谢。八枯距波斯境二百馀俄里，昔俄与定约，不许制兵轮行里海，彼即允之，可知衰弱矣。然其民性悍，不嗜酒，工役勤，其俗有胜于俄者。帆船数艘，专运毡罽来售。俄于此口设防稍疑，泊兵轮五，皆小而旧。有达唯夺甫，曾官坡尔颇勿尼

14,7,2

克，前于枯榻伊斯识之，昨亦来此同寓，甚相关切。

初二日壬子　晴，天毒热。

初三日癸丑　晴。

初四日甲寅　晴。晨入废城，游鞑靼里汗故宫。石屋如幕，治事之所为亭，中掘洞深十馀丈，盖犯死刑者杀而投诸其中。门阈雕刻花纹极工细。又有礼拜寺在宫后，亦幕形。访其城长，晤谈半晌。据云：八枯始羁属波斯，厥后归于俄，其汗仍得自主，旋因派驻王爵为所贼害，乃起兵夷灭而郡县之，迄今才八十五年。又云：办拉酣火山之脉，入海吐焰，无风浪时，其光浮于水面高数尺，以纸投入，则延蔓寻丈，盖水杂石油之故。李时珍云“石油得水益烈”，是亦一证。 入废城游故宫

初五日乙卯　晴。未正趁轮发，舟名“土尔克绵”。里海多礁，船中机器非精，其行缓。火用石油渣滓，每日约需五百普特。询知里海轮舟共八艘，或赴波斯，或赴乌遵阿达，皆不过载二三千吨，盖货物本无多也。海水清如太湖。 船中火用石油渣滓

初六日丙辰　晴。巳正行一百八十二密律，四密律合俄七里，盖意大利之里数也。抵颠尔达特，滨海山城，有炮台距山半，绕以睥睨，约方一里。廛市三百馀家，戍兵列幕水次。地产青梨，绝小而甘芳，凡三种，味皆别。产白杏，大于桃，鲜榛亦美。午初行七十二密律。酉正抵撇特罗复司克。盖昔彼得罗征高架司，先据此城，因以己名名之。东西高阜有圆炮垒三座，方炮台二座，皆彼得罗所 抵撇特罗复司克

建也。今由两岸接修石坝，环护海口，并筑新式炮台于上，坝基出水才四尺馀。其城小，居民百馀家耳。

初七日丁巳　晴。辰初启碇。自八枯至撇特罗复司克，皆傍高架索山行。由兹出口，海面辽阔，不见边际，怒涛斗揭，舟簸甚。食波斯西瓜，红瓤极甘。戌刻，黑云鬖鬖，自西北上，颠风横扫，舟几覆。盖已近倭尔噶河口，上游迅溜奔腾，排山倒海而下，舟遂下碇，终夜簸摇。

波斯西瓜红瓤极甘

初八日戊午　晴。风力略杀。寅正发，辰正抵倭尔噶河口，易小轮舟入。其水泛滥，色黄，颇类长江口。门宽至三四十里，行四点钟，河渐狭，两岸多芦苇。酉初至阿斯达勒汗，计程二百二十三密律。其地产鱼及苹婆果、沙果。多蒙古人别一种曰"喀尔梅几"，貌直似蒙古，即《异域录》之"车尔米斯"，专以网罟为业。税关查行李，欲开笥剔验，一武弁止之，遂过。

类蒙古人网罟为业

初九日己未　终日狂风，乍晴乍雨。晨，出游其廛，经旧城，方里许，距平阜。内惟礼拜堂二区，兵房二所而已。统观闾阎约三四百户，贸易以鲍为大宗，有行店十馀家。干鱼大者，常至二三百斤，每岁出五十万普特。城中亦有花园、剧馆、万生院。土尔扈特所居马努托海在河东。

初十日庚申　晴。酉刻启程，趁美利坚轮，舟名"苏洼洛甫"。其制如长江轮船，而艎不深，盖别有运货船，此则专载行旅。房舱精洁，纯用电灯，惟行殊缓，每

航行佛尔格河

14,7,10

一点钟约行十三四里。俄人结习，凡富商贵贾，无不行縢累累，并皆自携被褥，故头二等舱，但具绒幂绳床而已。前在莫斯克隈，因火车费重，减随身行李，将被褥及皮绵衣数袭，皆慢车送往托木司克，至此颇窘，幸值暑天，以夹袍作被，稍却夜寒。亥正发。倭尔噶即佛尔格，其水浑溜，急似长江，而江面仅及其半，港汊较多。商估置小轮舟拖带货船，以省签夫之劳，而免石尤之阻，其行较牵挽为速。

佛尔格（伏尔加）

十一日辛酉　晴，风。夜子刻，抵擦利勤，遂泊。

十二日壬戌　晴。卯正展轮，午至笃波复喀，已入萨拉夺甫界。其地居民五六百家，颇富庶。产花绒罽、马李拉果。又有类樱桃而味酸者，亦名"卫什拈"，有如东粤之黄皮果；而纹象瓜棱者，味酸甘，曰"克李"。若勿似克阿思达勒汗境平旷，过此则近岸多山崖，而河身甚曲。申刻至喀梅深，亦大村落也。同舟多鞑靼里人，其妇女辫发双股，戴一金胜，或方或圆，大寸许，镂刻花纹；胸前悬金钱如补服，帽如巾帨，或如盏，皆系以珍珠簇花，项系珊瑚串，首恒用方四尺绸帕覆之。年少者不见外人，极别男女之嫌，竟能不染欧洲陋俗，且不习俄语，亦一奇也。有叟年七十，自言是阿浑，为哈萨克汗之裔，携眷归喀簪云。喀簪之哈萨克，户口极多，约两万馀人，亦皆守其旧俗。

鞑靼里人妇女装饰

十三日癸亥　阴，微雨。西风，天凉御绵。卯正，至萨拉夺甫。其城约方六七里，土著约八九百家，颇殷实，业谷石鱼鲜。辰初展轮。

十四日甲子　晴。卯刻过悉宇兰。距城十里，有大桥，火车道也。午至萨马拉，登岸游其城市，约方六里馀，居民六七百家，临河有花园。产麦粉，磨硙纯用机器。河滨集场方开，乡民麇至。俄人名集场曰“鸦尔马”，市农具布匹。距城六里，有村民专以马肉酿酒治疾。申正发。

集场名曰鸦尔马

十五日乙丑　晨晴。卯过星比尔斯克。其城略似萨马拉，昨日方遭火灾，毁二百馀家。亥初抵喀簪城，距舣舟处十四里，趁月色往游。居民富庶，楼舍整饬，约千馀户。《异域录》所称“木城”，今已堕去。有砖城方二里许，四角建炮台，围天主堂二所，其廛皆在此。城之外，花园卉木蕃植，悬画灯、玻璃灯数十，游人颇盛。

喀簪（喀山）

十六日丙寅　晴。前向西北行，自过喀簪专向西，两岸多平，远山河浅，其流不竞。

十七日丁卯　晴。辰抵尼日里诺甫果倮特，盖山城也，居民近三千馀家。左倭嘎河，右倭尔噶河，有大桥，桥西为集场，时已开，商贾咸萃。暂入逆旅。详询自阿思达拉汗至尼日里诺甫果倮特程途里数，因识之：一百八十四里哎诺达耶甫司克，一百四十六里车尔泥鸦儿，三十三里务拉的密尔啰甫喀，一百十八里擦利勤，五十三里笃波扶喀，一百三十一里喀梅深，一百一十里啰母拟，一百有七里萨拉夺甫，八十九里拔鸾司克，五十三里倭力司克，二十里拔罗可洼，七十二里赫洼林司克，七十二里悉宇

尼日里诺甫果倮特（尼日夫斯克）

详计里程

14,7,17

兰，一百十七里萨马拉，八十二里司他勿罗波力，九十里仙寄烈，五十五里星比尔司克，一百有二里切鸠什，四十五里士拔肆叽杂，端有河汉泊冬舟，八十五里喀矕，一百七十五里柯自谟的米颜司克，四十七里瓦西理苏鲁司克，一百五十九里尼日里诺甫果倮特。

十八日戊辰　晴。午刻微雨，旋霁。持莫叶金之友所致书，往谒固必尔纳托巴拉诺甫。一见遽云相识久矣，颇讶之，既而谈及九年前两至中国上海、汉口等处，所遇华人甚多也。告以自彼京启程，奔驰三阅月，途次屡病，拟在此暂且休息。适城长喀尔叽在坐，即属代觅一寓。其署在山顶炮城内，城建于其主瓦西理在位时，与喀矕略同。凡三门出入，亦于四角建圆炮垒。其先城内户口甚繁，今皆徙于外，中惟官廨、兵房、礼拜堂耳。初只建炮垒，既而连之以城垣。当东南一垒将成，有术士云：其地若埋女身，从此城不避兵，果有民妇失道堕入，即瘗之，今六百馀年不睹干戈，其言足信矣。返寓后，巴拉诺甫派一文职至，约明日未刻同出游览。城长属其副蔑次曼来，言觅寓已得，盖即地面官毓希颇甫新置之屋，约同往看，甚精洁，洒扫安置，明日即入。蔑次曼曾于五年前奉差安电线至黑龙江，略解华语。 巴拉诺甫曾至中国

十九日己巳　晴。午后，登其城东雉堞，俯瞰倭嘎河及倭尔噶河汇流之处，实为此城之襟带。江阅渔商，川交樵隐，布帆机艇，随流争骛。亥初，毓希颇甫来，照料移居于城内喀洼黎赫街寓，诸物皆备，无一缺乏。 两河交汇城之襟带

二十日庚午　答拜蔑、毓二君。

二十一日辛未　晴，热至十四度。巴拉诺甫遣员以小轮舟约游倭嘎、倭尔噶二河，观救火、开河各机艇，皆本城船厂所造。观悉毕尔运铁船，由阿思达勒汗运鲍船。又登岸观自来水局，用机器激水，由管内升至七百尺，灌入城中。又游博物院，观其各属之土色石质，及所产子粒、虫鸟。其司事赠全境舆图一幅，所绘极细。又一处专设本境民间所制小铁器，如刀剪之类，小木器如杓匙之类，皆出于人工而价颇廉。据称木匙实仿中国式，大致如邗上漆制，而工较粗，所绘景物亦殊草率。

全境舆图所绘极细

二十二日壬申　晴。巴拉诺甫来答拜，并约观剧。

二十三日癸酉　晴。访城长喀尔叽，不值。

二十四日甲戌　雨。

二十五日乙亥　小尼日里城长雅可勿烈甫来。

二十六日丙子　晴。薄游鸦尔马，各货山集。

二十七日丁丑　晴。巴拉诺甫邀饮，并为治果羹、粳稻米饭蒸鸭，谓此中国风味也。

观阅兵

二十八日戊寅　晴。俄主遣一头等提督曰"满仄"来阅兵，巴拉诺甫即派员约赴教场观之。满仄遥见，命其属驰马来邀，因与相见，即同立观。先校其步武及各队离合变换之法，既校其奔驰，皆极整暇。凡步队二坡尔克，炮队一拔塔猎，厥后步炮合演一阵。析其各队，以散击整，包抄而进。自巳正起至未正罢。

二十九日己卯　雨。喀尔叽来答拜。

14,8,1

卷第十二

日记

八月朔庚辰。巴拉诺甫派员约至鸦尔马，观所来各货，途值大雨。至绒布哈喇庄皮张肆，又于西伯利之卜利斯单（俄称马头），观由波斯、布哈尔、希洼及本国各城之货。以阿连布之牛羊、橐驼、皮张，克雷木之酒，布哈尔、希洼、仙米烈之棉花、长腰米，波斯之琐琐葡萄、双核枣、胡桃、毡罽为大宗。 光绪十四年八月马头观货

初二日辛巳　晴。申刻，出城游鸦尔马。观乌拉岭各城运来之铁，积于河滨里许。由恰克图、汉口、福州三路运来之茶一万五千馀箱，陆行者皆以牛革裹之，内有砖茶数十箱，半销售于鞑靼里人。俄人极嗜蜀绸，夏日各制一袭服之，以为观美，其销数亦不小也。 由中国运来之茶

初三日壬午　晴。午刻，蔑滋曼来，约同至救火公

局。遽遣鸣钟，各卒迁奔马驾车，须臾悉备，即令游市一匝。马皆精壮，人极勇健。盖示其号令之严与赴救之速也。

初四日癸未　大雨。

初五日甲申　雨。

初六日乙酉　阴。

初七日丙戌　晴。佘威烈甫偕宰可甫，不远千馀里自莫斯克洼来访，盖见日报知在此小住也。

初八日丁亥　晴。有习华文者舒立士来访。

初九日戊子　雨。

初十日己丑　雨。

一老妪教俄语

十一日庚寅　阴。比延一老妪教俄语，颇难吻合，盖有数音皆中国所无，而措词之变化尤多，倘轻重急徐及其变法稍有未谐，便茫然不解。如称法国曰“佛浪凄耶”，称其人曰“付兰楚斯克”；称普鲁士曰“不怒喜耶”，称其人曰“诣蔑子”；称土尔基曰“土尔其耶”，称其人曰“土烈士克”。诸如此类，不一而足。至于早晚、阴阳，尔、我、他，其说皆不同，一语必数解。其与中土同者：呼父曰“爸爸”，呼母曰“妈妈”，又凡欧洲皆然，不必俄也。其呼天暖曰“惹尔噶”，即热字之转音；其呼天寒曰“荷倮得倮”，即好冷之转音；其呼多曰“穆倮各”，即夥字之转音；其称价昂曰“惰罗各”，称长久曰“惰尔郭”，皆多之转音；其问何如曰“斯拖”，即什么之转音；其问何人曰“喀奎也”，即阿谁之转音；其称佳曰“哈拉

14,8,11

说”，即好说之转音；其呼茶曰“钗”，蒙古语；其呼零星肆曰“巴咱”，又回语也。

十二日辛卯　晴。夜，蔑滋曼邀茗，言在阿穆尔时，曾至齐齐哈尔、宁古塔等处，华人待之甚优，其妻即海参崴人。

十三日壬辰　阴。

十四日癸巳　雨。

十五日甲午　晴。午后阴，微雨。

十六日乙未。余威略甫来，谈及火器之利，谓华人多言其法传自中国。答以中国圣贤，绝不为此毒人之具。因引《元史·阿里海牙传》：“与元帅阿术刘整取襄阳，城中粮储多，围之五年不下，九年破樊城外郛，其将复守内城。会有西域人亦思马，因献新炮法，十年为炮，攻樊城破之，移攻襄阳，一炮中其谯楼，声如雷震。”近世造烟火者，有“炮打襄阳”等剧，盖本诸此。世谓俄罗斯人有托元驸马麾下为兵者，携火器归，始铸枪炮。盖元之兵力，早及西域，而是时俄尚未通于罗马，贵国之火器，实仿诸奇渥温，而中国之火器本来自欧罗巴，故元以后，虽多用之，不肯竭智讲求者，虑其过为残忍也。

火器之利传自中国之辨析

十七日丙申　阴。蔑滋曼为市六筒小手枪一具，谓入西伯利境，途间必须此防身物也。巴拉诺甫遣员送照相一幅，精制铜匙一柄。午刻出城谒巴拉诺甫、喀尔叽、蔑滋曼、雅可勿烈甫话别。

购买六筒手枪防身

十八日丁酉　阴。俄官均来送行，喀尔叽赠照相一幅。

十九日戊戌　晴。毓希颇甫来，照料启程赴撇尔弥。

赴撇尔弥（彼尔姆）

蔑滋曼、雅可勿烈甫、宰可甫均送登舟，饮之酒。舟人催发，皆立于屯船，挥巾脱帽，视展轮去远而后归。

二十日己亥　晴。北风甚厉，天寒如仲冬。晨过喀簪，停四刻，向东行六里，至簸果啰慈克村，入喀马河，溯流而上。酉正过饬司托波立，夜过唯亚特喀河口，在喀马之西（由此至唯亚特喀约五百馀里，有轮舟）。

二十一日庚子　晴。仍北风。巳刻过别烈河口，在喀马之东（由此至乌发约四百馀里，有轮舟）。戌初过郭里堰，山内三十俄里，有益若弗司克铁厂，专造枪。

二十二日辛丑　晴。喀马之流甚曲，沿岸多平岭漫冈，皆乌拉岭之枝也。杉松丛植，境殊幽秀，经数村皆版扉木室，依山临水。夜亥正，抵撇尔弥，入逆旅。计程自

抵撇尔弥计里程

尼日里诺甫果倮特七十八里益萨德，七十里瓦西理苏鲁斯克，四十七里柯自谟的米颜司克，五十四里掣波克沙尔，二十八里孙堆唎，九十三里喀簪，七十三里波果落茨克，六里入喀马河，三十八里伊佘洼，三十七里唔尔仄希，十七里离布赖斯罗波堆，四十五里饬司托波离，七十五里琐颗罗克（此下过唯亚特喀河），五十五里叶拉布叽，二十里车尔诺甫，八十里卜鸦纳倭波拉（此下过别烈河），五十里喀拉枯理纳，四十里呢克别烈作甫，五十里萨拉铺拉，三十四里郭里堰，七十里乌私奇唎饬喽，六十里诺热弗启，八十六里倭颙，八十里额寒司克，五十里末特委，

14,8,22

七十里撇尔弥。其城市在山半，面喀马河，广袤六七里，居民约二千馀家，地产井盐、铁矿。《异域录》所称“索里喀穆斯科”，即出井盐处，由此逆流而上约三百馀里。 地产井盐铁矿

二十三日壬寅　晴。巳正，持巴拉诺甫函，往谒固必尔纳托卢轲式科甫，极为周旋。甫归，即有正副城长二员至寓，正曰“巴拉烈甫斯喽”，副曰“叶尔多宾斯喽”。云奉固必尔纳托命，率车来约游摩脱维尔喀炮厂。出郭东行三里许，即至其厂。较彼京之阿布霍甫司克厂略小，近乌拉岭，取材甚便，故创始最先，工料皆省。其后膛钢螺丝炮，仿桑的密达式，而锤炼较粗。所有机器，悉本厂自造。其炮子纯用锐头铁廓，内实炸弹炸药，后用铜螺丝塞。有新式者作两截，前用钢冒丝纽，内实生铁棱片，中贯铜管。据称：无坚不破，炸力尤猛。厂中兼造轮舟及耕耘诸具，其里海佛尔格河来往汽艘大半出于此厂。又能造电气灯并电线。厂中总办一一导引观看，自未初至酉初乃毕。俄人称盐曰“索里”，称生铁曰“出肱”。 游览炮厂

二十四日癸卯　晴。酉刻，趁轮车赴叶喀帖林布尔克。卢轲式科甫赠二札，谕叶喀帖林之正副城长，属导观各矿厂。轨辙东指，度乌拉岭四百六十五俄里，合中国九百三十里。地势渐高，松杉夹路。昔经此途者，讶其无奇峰峻嶂，不知天下名山，多于数百里外，跨州连县，负地而起，如游岱宗者，至泰安城已及山半，而行人殊不觉其高，必陟南天门，登日观峰，而后恍然于“小天下”之说也。 过乌拉岭

二十五日甲辰　晴。侵晓山行，见溪流清绝，询其名曰“悦烈阳司克”。未正，抵叶喀帖林布尔克，入寓饭毕，访其正副长。暮，城长瓦尔赫来，请订期观金厂。告以明日。案：此城枕平冈，纵横五六里，街衢广阔，居民九百馀户，半业矿厂琢工。

抵叶喀帖林布尔克

二十六日乙巳　晴。晨间，副城长拔銮陶来答拜，并订明日同游博物院。未刻，城长瓦尔赫，偕其帮办官坡尔颇勿泥克格棱果倮士来寓，云车马已备。其车三马，即悉毕尔长途所用，曰“格郎达什”。（其寻常单马车曰“一士倭子”，双马有篷者曰“开烈子”。）即同出东郭，行十二里，至别烈作甫斯喽金厂。遍观其矿质，有纯白石者，有土夹石者，凡数种。既而观其用机器捣研，用酸水搁取诸法。盖石质捣成细沙之后，激水漱之，有随淘随提者；有以酸水渍粗黑泥，展于斜皮木槽，承其流，俾金止于泥，而沙随水下者。此皆第一次。至其流出沙水，复承以木槽，密布铜片，金遇铜亦止，然所得甚微。故彼二者，日数收取，至铜片之金，每十四日一取。据云：约一百三十七普特矿，可得粗胚金十二两。所用电灯皆本厂自造。司事人约东行里馀至开矿处，盖掘地已五丈馀。又行五里至勃离喀拉尔斯喽卜利司克，观取沙金处。于山崖镵泥沙石子，用车挽登水次楼倾之，下层设机轴，激水淘泻，沙石分坠，即以前法收拣，其工较省十分之八，而得金无多，盖四万普特矿始得十二两粗胚耳。其石子内有水晶、紫英、绿宝石、金刚钻、孔雀石，近村妇女专司拣石，其

参观金厂

14,8,27

佳者授之琢磨，利颇厚云。

二十七日丙午　晴。午刻，拔銮陶来，约游博物院。大半乌拉山所得诸木石、矿质及诸禽鸟，有堪达韩大于马，其角扁而骈，如蝠展翼。有北冰洋之磎鼠骨及齿牙，其牙长可七尺，围径六寸而中空，一齿重可二斤馀。以药水浸人婴，有一首二身者，牛胎有两首一身者。北冰海人所用木裹鹿皮、踏屐、麋皮袋，哈萨克妇人衣冠，喇嘛蒙古服与其弓矢。有中国铜币、男女靴履首饰。其山中掘出古铜钵盂、戈戟、矢镞、偶人。其偶人当即所谓休屠祭天金人。其地为北匈奴与康居接壤之区，固无疑矣。司事人克唎尔出册，属记名姓于上。又云去岁曾启赛珍会，盖俄主之叔米海伊尔所兴，其旁杰阁设会所也。槛前清溪一道，源出桥外大泊，入拖波尔河，百里外可棹小舟，名曰“伊撒特”。 游博物院

二十八日丁未　阴。

二十九日戊申　晴。晨，持噶勒什铿函，访其友啰多直尼克，留茗。其人司电报局事兼开金厂，赠洁白矿质，形如研山。未刻，格棱果倮士以车来，约同游唯尔赫尼叶司克铁厂。其总办导观，矿质有赭色，有黄色，有黑色。冶炉用一层矿、一层木炭、一层生白垩，鼓之以机，汽管倾液入范，则渣滓从旁流出，旋凝如石，色类黛琉璃。以熟铁块炙红，就钢碌碡回环转压，其薄如纸。每生铁二十普特，至成片时仅十斤馀，故极绵熟，一再折叠，不坼不断。据称厥用最博，凡建屋幂箱箧，胥赖之。半发售于美 游铁厂

利坚。其铁条方圆凡数类，皆屡经烧炼，圆径七八分者，既冷之后，尚能挽结，真所谓百炼钢化为绕指柔也。厂中兼造各器，如轮舟、轮车、马车诸轮轴、汽筒、汽锅。据云：乌拉山之铁矿可十分得五（指粗胚生铁言），其铜矿则百分得七耳。既而谈及所开金厂，七十五年前创始（计在嘉庆二十年），所出之数，曾范方铁涂金，累以志之，至前年而止，合乌拉各厂计之，此为最，然亦岁有盈绌。又询寻觅矿苗之法，据云：实无真知灼见，久于其役，或略有所窥，掷黄金于虚牝者，亦时有之。至其出金之数，自该国一千八百十三年，迄二十六年出一百八十一普特六斤（每一普特准中国二十七斤半，每斤合中国十二两）。二十七年出四十三普特三十一斤，二十八年出五十普特三十五斤，二十九年出五十二普特二十二斤，三十年出五十六普特，三十一年出六十二普特三十斤，三十二年出六十三普特七斤，三十三年出六十普特二十三斤，三十四年出五十普特二十三斤，三十五年出五十一普特十七斤，三十六年出五十三普特二十二斤，三十七年出五十普特十一斤，三十八年出五十四普特十七斤半，三十九年出五十四普特十五斤半，四十年出五十三普特三十八斤，四十一年出五十四普特十四斤，四十二年出四十九普特二十八斤半，四十三年出五十三普特三十四斤，四十四年出五十四普特八斤半，四十五年出五十七普特三十八斤半，四十六年出五十一普特三十二斤半，四十七年出四十九普特十斤半，四十八年出四十九普特十三斤半，四十九年出五

七十馀年出金之数

14,8,29

十八普特四斤半，五十年出三十三普特三斤，五十一年出四十三普特二十九斤，五十二年出三十三普特十九斤半，五十三年出二十九普特三十斤，五十四年出四十普特四斤半，五十五年出四十九普特一斤，五十六年出四十五普特三十七斤，五十七年出三十四普特二十四斤半，五十八年出二十九普特五斤，五十九年出二十一普特三十二斤半，六十年出二十普特十六斤半，六十一年出二十普特三十五斤半，六十二年出二十五普特二十六斤半，六十三年出十三普特十二斤半，六十四年出十七普特一二斤，六十五年出二十六普特三十八斤半，六十六年出三十四普特三十斤，六十七年出三十普特三十八斤半，六十八年出二十四普特十四斤，六十九年出十六普特三十七斤半，七十年出十七普特十斤半，七十一年出二十六普特二十二斤，七十二年出二十三普特二十七斤，七十三年出二十六普特二十八斤，七十四年出三十普特，七十五年出二十九普特，七十六年出三十四普特三十二斤半，七十七年出四十四普特六斤，七十八年出四十三普特三十四斤，七十九年出三十七普特十斤，八十年出三十九普特三十八斤半，八十一年出三十五普特八斤，八十二年出三十五普特九斤半，八十三年出三十六普特二斤半，八十四年出三十六普特二十三斤半，八十五年出四十二普特二十七斤半，八十六年出四十六普特十七斤半。

九月朔乙〔己〕酉　阴，见微雪。过格棱果倮士茗叙。格君曾领兵驻岩杵河、兴凯湖诸处，屡至珲春、爱

格君屡至爱珲

珲，识华官，曾于俄境代拿胡匪十馀名送珲春，甚称中华饮馔之腴美，渠夫妇皆深嗜云。出示乌拉山所产白金，其价较黄金略贬，质坚而重，昔曾以之铸钱，近专备化学、医学家制器之用。

初二日庚戌　晴。晨间，啰多直尼克来，乃细询其金厂之利。据称：各厂所得金，皆不得私售，全数解比得堡入官，由官给凭，分年递还四分之三，以四之一纳税。每金一两合还金卢布二枚，而金钱之价时有涨落，其利厚薄即由此判。渠所办分厂，每年出金约五普特，除工本外，可得一万卢布。拔銮陶来，约观官金炉局。以粗胚金七普特入炉熔液，倾入范成方定，得六普特八斤馀，即于定之下上各斫一小块，先称其分两，用化学辨其成色。其法以铅片裹金，盛以骨灰所作小盏，入炉炼之。始则其液鼓沸，见五采，既而渐静，成一珠，铅质与渣皆渗入骨灰，盏内所馀金银二质，称之则知渣几分。就铁碌碡展成小片，纳诸强水，将银析化入火再烧，称之则知银几分。又往观官琢厂。凡制一器，先以红蜡就木版依图作模，然后用石解琢，其切大石与刮垢磨光，皆用机器，而至镌镂花纹，则纯恃人工。其制蜡模用十二三岁童子，盖为琢工之始艺，稍久则用小琢具制小什物，如西人腕间胸前圆钮之类。诸童暇则习武技。又遍观其石质，大半绀碧二色，亦有如大理石、矾石者。凡细润有文采，即呼曰玉，审之仍石也。工细而费不赀，有二石盘，淡墨色，上铺秋叶，雕刻琢磨皆精，其光可鉴，盖用四百卢布而后成，合华银一

观官金炉局

14,9,3

百六十馀两。其精制匣，盖上雕俄主像，酷肖。

初三日辛亥，微阴。晨出，访瓦尔赫葛棱格倮士。

初四日壬子，微晴。拔銮陶属其僚导游女学塾。条规与男馆略同，其最稚者六七岁，大者十七八。始于语言文字，继以绘事、舆图、算学，教学分为八斋（盖言语文字别为三，初习本国，次德、法）。厅事设琴，愿习则教之。暇则勤女红，习舞。其教文艺皆女师，至绘事以上则男师，董理其事者一老媪。 游女学塾

初五日癸丑　晴。未正，趁轮车发。

初六日甲寅　晴。卯正，抵裘冕。案：裘冕即《异域录》之“图敏”。其云至鸦班心舍舟登陆，鸦班沁即土林斯科，亦滨土拉河，距裘冕二百三十二里。盖当日俄人设驲在彼，以其无崇冈巍阜，车马安便，其途直向北，逾山复向东南，较今径度乌拉岭至撇尔弥买棹者，约纡道五六百里矣。至土拉河岸，趁轮舟，辰正启碇。河狭而曲，先用小轮船兼拖货舶，行殊缓，约一点钟行十俄里。夜丑初，至挨尔达莫洛倭，易大舟前进。 抵裘冕

初七日乙卯　晴。辰初入拖波尔河。啜茗毕，寒热交作，胸中如石块梗阻，头晕目眩，服青麟丸不稍解。入夜，壮热头痛，同舟德商倭尔躐尔轰尔，赠金鸡纳霜一饼，送以咸荷兰水，又饮以蓖麻油，至五鼓洞泻三次。是日，酉初过拖波尔城，泊至戌正解缆。其城长德宽垃脱维池来舟见访，并约登岸一游，以病谢之。已，入伊尔推什河。 入拖波尔河病发

初八日丙辰　晴。病势少差，肌仍热，胃纳大伤，不能食，惫极。申初，至荻穆演，舟人增薪，泊二点钟。扶病凭窗望之，盖一荒村也。积薪数十堆，皆备轮舟用，较烧石油渣滓尤省。民以革制背兜负运各物，其式如蜀黔乡农所用。

初九日丁巳。未初，至萨马罗波，亦一小村落也。停炊许，旋入倭别河，溯流向东南行。两岸多平沙林莽，偶出苍峦。

初十日戊午　阴。未初，至苏尔姑特，泊三点钟。沿岸桦黄枫丹，成珊瑚海。秋涨已落，河阔或三四里。

十一日己未　雪竟日。天寒野阔，景物荒凉，行数十里不睹一人家。戌正，抵拉琳司儿，舣舟添薪。岸间燔柴以炤，民市小红果，亦呼卫实拈，味涩微酸，如山茱萸。

数十里不睹一人家

十二日庚申　阴。沿岸枫尽紫。夜过推木司克，自此以上，河更曲，水浅胶舟。

十三日辛酉　阴。午泊拉雷穆，民居约百馀家。

十四日壬戌　晴。过柯尔拔佘洼，河流颇清。两岸皆林薮，落叶满山矣。

十五日癸亥　晴。卯初，至托木河口，水浅易小轮舟。未初，抵托木司克。泊舟处，距城十里。赁车入逆旅，持佘威略甫、托克马可甫函，往访郭尔多宾，晤。旋至中国茶肆“万和兴”小坐。据称：茶业近益折阅，缘俄商自运者既多且贱也。此城居民约千馀家，少富室硕贾，人情刁悍，前曾有逋欠千馀金，控诉令长，终不能归

抵托木司克

14,9,15

结者。盖自入悉毕尔界，其商民多轻视华人矣。托木所产，以熟牛皮为大宗，兼产白酒。感冒剧，肺闭咳逆，夜服苏合丸，四鼓得汗。

十六日甲子　晴。有城长聂克拉朔甫来访，索照相一纸去。持喀轲式柯甫函，往谒托木司克固必尔纳托布留巴什，晤谈留茗，款曲备至，并见其妻女。询知为新任，受事才一月。将“万和兴”受赚各节告之，谓华人在俄贸易，至贵辖可谓极远，其资本无多，岂能经其欺诈。当允为之理直。答拜聂克拉朔甫，赠影晒小相，并托穆全城图。约明日游官学塾。旋寓，适遇郭尔多宾，并将由莫斯孤所发箱件送至。议市车，约明日往看。据称：雨雪连旬，途中泥淖深尺许，必得好车，方免折轴摧轮之患。倒换驿车，劳费特甚，四人行李，仍须以一半附货车先行，盖路泞晷短，非轻装快马，万难集事。布留巴什来答拜。

为华商受赚告官

十七日乙丑　阴。游学塾，规模颇闳。观其书库，所藏本国及英法意德旧籍，至五千馀册。有日尔曼人，曾居中国三十馀年，著书称述中学，上溯虫书鸟迹，史籀大篆。细审半得之俗本，如《印谱》《六书通》之类，乖误纰缪，所在皆是。自绘小相，著中国一品服色，凭几振笔而书，痴壮妄心，尤可笑也。有一印度各城画册，多释氏旧迹，渲染烘托，实能绘影绘声，据云：市于巴黎，价约三千馀卢布。此塾近岁始创建，其资出于官商输纳十之七八。偕郭尔多宾同往购车，看数具，价皆昂。逆旅主人有二车，来自喀簪，亦求售者，每辆议至二百卢布。

游学塾观书库

十八日丙寅　阴。

十九日丁卯　阴。购途间食物。夜，布留巴什约观剧。晤聂克拉朔甫，坚留再住一二日，约来夕过饮，以尽东道之谊，其意甚殷，不能却也。

二十日戊辰　晴。布留巴什遣员送一函致伊尔古慈克之固必尔纳托，属其关照。夜赴聂克拉朔甫之约，晤一勘修悉毕尔铁路官，详询所勘之路，约往观其图。

晤铁路官

二十一日己巳　晴。市车枕、车褥、鞦绊、轴脂。谒布留巴什告别，并致谢，以“万和兴”控逋全案呈稿收货据与之观。盖该俄商所各字据，语多蒙混，万和兴之司事者本不通晓俄文，已为所愚，至控城长时，俄商供复狡展，遂以无真正凭信置之。厥后，万和兴不知，再向刑官控诉，遽以情词电干俄主，洎八日后，由彼京电饬办理，该刑官谓其逾限越控，仍就原定上复。布留巴什再四踌躇，思为设法。然闻该俄商现已贫窭，纵为严办，不过监禁数年，其饭食例由万和兴任之，计一年须百馀卢布（每日三十六戈比），似此不惟无益，而且有损。遂告以案经二载有馀，中间又多轇轕，今以相告者，非乞翻案，盖欲贵抚以后保护华商，勿使再遭欺赚也。布君极首肯，云当永矢焉。

为华商申理

二十二日庚午　晴。晨，访查勘铁路官阿枯洛甫，观其勘定铁路图。由托木司克至伊尔古慈克、杂拜噶尔斯克等城，有与旧驿路同者，有凿山取直捷之径者，大致相距不远，凡经城堡与驲同。所绘颇细密，惜只一幅，不能分

观勘定铁路图

14,9,22

诒为憾。布留巴什遣一文员来送，并问有所需否？谢之。聂克拉朔甫来送。午正发，聂遣其副率马兵送至郊外，一再却之，乃返。三十一里仙米卢什乃耶，布留巴什遣马兵追及，将护送之境外，给十俄币遣还，属致谢曰：“治内安谧无戒心也。”驿马悉出，待至戌正乃行。哈尔叠叶洼驿仍缺马，赁民马进至伊佘木斯喀，天已明矣。

婉谢俄馆遣兵护送

二十三日辛未 晴。饭毕黎枯立斯喀耶，宿马理迎司克。所经各驿皆无所食，惟取熟鸡子渗白盐及麦饵，瀹茗下之，聊以充饥而已。驿榻阔只尺馀，不能转侧。途经荒峤寒林，衰草青黄，轨辙泥黑，潦深坎窞，高下颠顿非常，遍体酸楚。

所经各驿皆无所食

二十四日壬申，晨微雪。自马里迎司克发，渡几亚河，饭恰仁司喀，至博郭脱理斯喀耶宿。

二十五日癸酉 晴。巳刻，至别诺雅尔斯喀耶，入野尼塞境。自此以下，驿马价每里三戈比，较前倍之。经阿陈司克，渡楮林河，其舟长二丈，阔八尺馀，上铺平板，尾用一橹棹拨，两岸植桩，结长绳挽之以渡，不用篙也。饭擢尔诺别成司喀耶，宿拨力佘克木初格司喀耶。

入野尼塞境

二十六日甲戌 晴。午刻，至克拉斯诺雅尔斯克，乃野尼塞之省会，居民约七八百家。因糇粮败腐，精力困惫，轮铁小移，傍前轴横木颇，入逆旅暂憩，以车畀梓人。

二十七日乙亥 晴。将阿迭沙友拉迭斯克伊挽马尔可唯池所赠二函，送往俄顷学塾教习萨缘可甫，至约二十九

游克拉斯诺雅尔斯克

日游其塾。撇柯克至，盖医士也。言其少时与毕叶什克、洼尔塔诺甫在莫斯夸学塾为同舍生，知皆相识，遂甚投契，即以车约同至南郊观其营屯。因临野尼塞河，见东西两岸，岫列峰横，苍秀朴人眉宇，皆阿尔台山之枝也。其杰出一峰曰“脱克麻克”。又言沿河而北五百馀里，即米奴新斯克，为野尼塞省剧邑。其境接我乌里雅苏台科布多属地，河中走沙，东倾西兀，浅深辄易。其处有商轮二艘，北至野尼塞城、土鲁汗城，载运皮张、木质，南至米奴新司克城，载运麦石，月再往返。日夕，撇柯克邀至其家，设食款接。见其二子，并为鼓琴数阕。询知为布国人，奉留帖兰教，精医术，为人诊治，不计赀财；曾管养病院十五年。

二十八日丙子　阴。

二十九日丁丑　晴。游学塾。旋至萨绿可甫家，观古铜钱、带钩铜斧、石矢、镞、石镵、明御马监铜驾牌，皆得之土中，即拓印数纸。因言米奴新斯克博物院，所藏金石，多有中国字，即属函致该院长马尔栖亚诺甫，打本寄额尔口城。因遗墨二方，照相一片，托其转致。过撇柯克家小坐。

所藏金石多中国字

三十日戊寅　阴。梓人送车至，云已修理完好。

十月朔己卯　晴。未初，束装唤驿马，申正发。撇柯克送至野尼塞河干，立观渡毕，乃返。河流甚急，其渡用大舟如筏，于上流十馀丈外植桩，筏上木架横绳，贯三小舟，而系其杪于桩，舟尾绞关平渡。宿巴赖斯喀耶。

渡野尼塞河

14,10,2

初二庚辰　晴。晨发，夜至龛斯克宿。入东悉毕尔以来，其村落民居稠密，木室较前完善，间有用砖壁者。每村必造礼拜堂一区。

初三日辛巳　晴。卯刻发，过列堪河，经益兰斯喀耶（疑即元之益兰州），至坡罗维喏掣列木霍甫斯喀耶宿。连日屡越岭，所经林薮，有松染雪霜，作嫩黄色。

初四日壬午　阴，微雪。卯刻发，入伊尔古慈克境。山路泥滑，兼多磊坷，增骖而进，马皆白汗交流。至阿尔杂默斯喀耶宿。所经诸山，材木不可胜月，任人伐取，无主之者。辄见合抱之松，焚折横卧，询之乃牧竖所为，欲其林稀草茂，便于刍荛也。

初五日癸未　晴。饭乌柯弗尔司喀，宿尼日里乌金司克。

初六日甲申　晴。巳刻，过乌达河，饭呼得益兰斯喀耶（疑即唐之呼得国，后属益兰州）。夜至枯尔簪斯喀耶，大雪，遂宿。

初七日乙酉　晴。饭佘拉古尔斯喀耶，宿利士特缘斯喀耶。

初八日丙戌　微雪。饭吉明斯喀耶，过吉木河，又名倭可河。宿杂拉林斯喀耶。

初九日丁亥，阴寒。饭马理汀斯喀耶，过卢游河，宿帖利明斯喀耶。

初十日戊子　阴　微雪。过安噶拉河，抵伊尔古慈克，寓莫斯科甫店。伊城凭河背平冈，广袤四里馀，居民千馀户，巨商半业茶半攻金厂，其四郊则土瘠野旷，十未垦一，有司亦不知督民以实屯力，尽地利。麦石皆来自西路，挽运维艰，故百物腾贵。饭后，持托克马可甫、倭波理纳函，访撇黍擦果甫，其人方出猎，不值。新报言：俄九月二十五日，俄主及其全家，由些洼斯托坡立乘火车回彼都，行至罗作洼蔑烈乏之间，铁路低窨处所垫木土俱松，经过时，前后二车忽腾掷出辙，因之撞倾击压，伤毙官役凡十八人。时俄主方与其妃等膳于饭厅，遽从车箱坏处跃下，得无恙。其妃手腕略伤。俄主因视众官，微损其足云。

抵伊尔古慈克

俄主遇车祸

十一日己丑　阴。午后，雪。持布留巴什函，往谒伊城之固必尔纳托颗莲柯。晤谈间，书数处可游者相视。

十二日庚寅　阴。往谒伊城之格聂拉勒固必尔纳脱伊格拉缉甫，言其兄曾充公使至中国，即出观其照相。因问住此几许时？答以一路冒风雪，驰泥淖，异常况瘁，闻贵国民称是城乃悉毕尔之巴黎斯，拟住数旬，领取胜概。伊闻一再曰“悦尔诺”，盖俄语译曰“然”。遂云逆旅岂能久居，自须赁屋。告以在尼日里诺甫果倮特时，巴拉诺甫曾属城长代为觅居，伊即向壁叩德律风，属其坡理次。又属一武弁导观金厂、学塾。

在伊城住数旬

十三日辛卯　晴。撇黍擦果甫来。城长遣员觅居，已得三所，撇黍擦果甫亦为觅一屋，价较廉，因托代订，月出赁赀五十卢布。

十四日壬辰　雪。观铸金厂。询知东悉毕尔所产金，

14,10,14

皆解此城熔铸，计每年可得千馀普特。计雅古慈境内阿猎克马河、猎纳河所出金沙约四百馀铺，阿穆尔约三百馀铺，尼日里乌金司克碧琉新约七八十铺，聂尔琛斯克约百馀铺，杂拜噶尔约四十馀铺。 观铸金厂

十五日癸巳　晨雪。午移居卜诺实可甫斯喽街，房主姓布连司克，亦曾经商至中国汉口、上海、天津、京师，略解华语。

十六日甲午　晴。颗莲柯来答拜。

十七日乙未　大风雪。

十八日丙申　雪。有博物院之副院长坡塔宁来访，云伊格拉缉甫属渠来约，即同往一观。所庋无甚珍异，惟布烈特、雅古特、东姑师土鲁汗、萨莫咽特诸族之先世衣冠服匿、穹庐铃、柱杖、铜佛像及土中所得石锄、石斧、人骨、磔鼠骨，烈纳河中所得古刀、剑、箭镞，皆有古趣。 访博物院见正反字
有一刀两面镌反正四字，其左曰“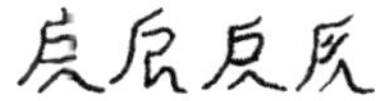”，右曰“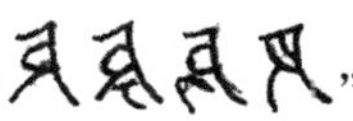”，实篆文“所”字，而莫解其意。坡塔宁曾游历中国二次，一由陆路归化城科布多至哈密入西宁、兰州，折而入蜀之松潘；一由海道至上海、芝罘、天津、京师，携一武弁、一猎户，所带译蒙古人。往来二年，用二万九千馀卢布。赠所著书一册。伊君又遣其中军官来约游学塾，订期而去。

十九日丁酉　晴。游学塾，晤其提调噜莫甫，导观各斋，听算学师面试生徒算天文晷度，以伊尔古慈克与彼得 观学塾各斋

堡校。又听翻译文义者，以俄文绎英文，述罗马故事。教法或一艺通，然后改受。或一日间更次为之。观宿塾，各生眠室，餐所。其章程：凡家距城远及穷无父母者，皆宿于塾。塾中有藏书库，有礼拜堂，有夜课处。申刻还。儒士雅得琳侧甫来访。其人颇矜，考古能言元之和林城所在。又云：土尔基即唐时之西突厥，阿剌伯即汉时之大夏；俄称中国人曰“喽台”，即契丹之音转；俄所称“萨莫咽特”，即乌梁海人。云有著作考悉毕尔事甚详。

游大小女学塾

二十日戊戌　晴。噜莫甫来约游大小女学塾。观女师与一十四岁女郎讲舆图，问本国方隅、道里及中国南北京省，并山川物产，且能言中国圣人有孔夫子。又观一女郎译法文数则。其小学塾则专教初学，年十二三岁或八九岁，所习语言、文字、书法、跳舞而已。大者每日九点钟至三点钟，小者八点钟至十二点钟散。其男女塾师束修，一人岁约五百卢布，每七日只来四点钟。女学生服式用黑披肩、黑犊鼻。大者二百馀人，小者七十馀人。殷实之家，每送一女入塾，岁输三百卢布，贫者免。答访坡塔宁、雅德琳侧甫。午刻，游俄前汗之妃所创女学塾。其规模颇大，凡入学，衣服饮食，取办于官。均宿于塾。其衣白披肩、白犊鼻，内袭紫裳。教法章程与前二塾略同。

二十一日己亥　晴。此月屡次感冒，虽暂愈而胃纳不旺，右臂作痛，用酒揉之。

掌筋拘挛痛楚万状

二十二日庚子　晴。臂痛解，掌筋拘挛，痛楚万状，左足踝骨复大痛，举动饮食无不需人，即延西医诊治，终

14,10,23

夜不能眠。

二十三日辛丑　雪。服药水二瓶，病未减，左手大指复大痛。

二十四日壬寅　雪。病仍如故。寒表至三十二度。

二十五日癸卯　阴。左足、右手痛渐释。寒度至四十八矣。

二十六日甲辰　右足、左手痛，从此左右递发，坐卧皆苦，饮食锐减，体羸瘠。西医罔效，其俗不许改易他医，但可会同商酌而别延之，医语摸棱无可否，不得已设法辞之。有华商王姓，略解方技，携有华药，因约来诊视。初投表剂，既而用祛风温中诸法，而病日深，至服再造丸一粒，遍体筋脉骨节遭其搜击，因之茶然约卧病者七十馀日。医言肝脉洪大，投以龙胆泻肝汤，服三剂病少差，隔日又发。偶借得《验方新编》残本一函，适有手足部，言手足痛非脾家之热，乃肝木郁结所致，宜用消遥散加生栀子、半夏等，分郁解痛，自愈。即照方连服三剂，颇效。因作大字兼饮食停滞，复大发。用前方加大黄、芒硝服之，数剂乃止。病中闻言俄派游西藏之提督官已道死，今别派一员往。光绪十五年正月十五日，病复发，仍服旧方，至二十五日痛渐止，而气体愈亏，从此纯服阴药。二月初至乌金司克就医，三月杪还。 患疾求医

四月十二日丁亥　晴。自伊尔古慈克启程。晨间，颗莲柯率其城长来送，并云已电告沿途驿官备马匹照料。又派一弁送之郊，一文员先导自枯尔禿，绕拜噶尔湖行，颗 自伊尔古慈克启程

莲柯所派文员返。

十三日戊子　晴。饭梅琐洼耶。（新开商路由此南行，陟山上下，其途甚狭，仅容二车并行耳。）

十四日己丑　晴。午至喀班斯克。其伊自布拉勿尼克，已在驿馆相待。茶毕，行至波洛维纳耶宿。

十五日庚寅　晴。饭穆惺斯喀耶。夜至泄楞庚司克，时已四鼓，宿。其地方官来会谈，食顷，并派人送。连日所经多大山，然路广阔。以后过泄楞格河，傍河行。

至恰克图

十六日辛卯　晴。饭乌私奇恰克图（新开商路至此合）。泄楞庚所派人返，赠俄银十卢布。暮抵恰克图。俄之有司官，闻电已为备行馆，其坡理次即邀入住，辞之。入中国木城，寓华商所设逆旅。其坡理次即亲来访。廓米萨尔遣使持名刺来，约次日相见。

十七日壬辰　晴。廓米萨尔苏荷芙司叽来访，即约明日答拜。由伊城所发箱件，已由俄商格离铺什遣人送来。

拜访俄官

十八日癸巳　答拜俄官其坡理次，约明日游学塾。访格离铺什，其人乃托克马可甫之戚也。持佘威烈甫书，访其妻弟西尼测，云赴伊尔古慈克未归。

十九日甲午　晴。西尼测之戚某来访，言与佘为僚，婿即住西尼测所，约二十一日过其家。其坡理次来，同出观其男女学塾、武备学塾。规模损于伊尔古慈克，而条章略似。晤学塾提调鲁颗式可甫、实威擢甫，皆其地之巨商也。

二十日乙未　晴。病小发。

14,10,23

二十一日丙申　晴。赴西尼测家，晤其母妹，并见佘威烈甫之女弟及其侄女，设筵甚丰。又赴苏荷芙司叽之饮。

二十二日，前病大发，不能行动，亟延医胡海陞，针十馀下，兼服药。

二十三日戊戌　晴。病如故，复用针于肩井及两膝。

二十四日己亥　晴。因医者仍执中风受寒之说，误投温药，病势增剧。

二十五日庚子　雨。改用阴药兼舒肝泻火之剂，自此十馀日乃能起，又二十馀日瘳。

六月初一日，乙亥　借茶商独慎玉、大泉玉骆驼车二辆，即倩大泉玉代赁蒙古驼只。午后启程，由商路东南行，八日至库伦。又二十日出外蒙古车臣汗境，入察哈尔部。又十一日抵张家口。库伦以北，近恰克图，诸山颇秀，土宜麦，多内地民往彼开垦，岁丰颇获利。又有一流儿河、喀拉河、土拉河之水，资其灌溉，其地大可屯田。库伦以南多大戈壁，罕水草，蒙古人亦甚贫。 抵张家口

缪祐孙俄游汇编

人名索引

十一画

十二画

十四画

十五画

十七画

缪祐孙俄游汇编

译名简释

二画

八枯

巴库

三画

土们江

图们江

土尔该

库尔干

土耳基（土尔基）

土耳其

也列赞（刘赞）

今梁赞州

四画

不离噶达

旅

比得堡（彼德堡）

今译作“彼得堡”

切尔赤

刻赤

什他卜士喀毕丹

上尉

乌仄勒

（船速单位）一浬

乌拉的倭斯脱克

海参葳

乌思奇哈芈诺果尔司克

乌斯季卡缅诺哥尔斯克

五画

古吞伯尔克
古登堡
仙米帕拉停司克
塞米巴拉金斯克
立士本
里斯本
尼日里诺甫果倮特
伊日夫斯克

六画

托波尔
托博尔斯克
因热涅尔乃柯瞒得
工兵队
因添丹特斯喋耶柯瞒得
军需队
伊尔推什河
额尔齐斯河
伊西库尔湖
伊塞克湖
伊烈古拈尔乃
非正规的、非常备的
米里接牙
民兵连
杂巴斯乃巴塔猎
后备营

七画

克拉司呐倭得司克
克拉斯诺伏斯克
伯尔林
柏林
佢理玺天德
总统
佛尔格
伏尔加
希尔达利邪河（希尔河）
锡尔河
阿夫容
鸦片
阿尔美司克邪
陆军作战部队
阿尔梯猎黎斯柯瞒得
炮兵队
阿尔提烈里斯克坡尔克
炮兵团
阿岳达利邪
阿姆河
阿词特尼格

今之志愿兵

阿思哈巴特

阿什哈巴德

阿猎克马河

阿尔马亚河

阿斯达勒汗

阿斯特拉罕

八画

昔昔里

西西里

坡卢拔塔理渊

半营

坡尔赤克

中尉

坡尔克

团

坡尔颇勿尼克

上校

坡列威什他卜

野战司令部

坡烈威因热涅尔乃耶坡尔克

野战工兵团

坡特颇尔颗无尼克

中校

坡特颇鲁赤克

少尉

拔塔理渊（巴塔理渊）

营

拔塔猎（巴塔猎）

炮兵营

拖波尔河

托博尔河

些洼斯拖坡立

日丹诺夫

固必尔纳托

（沙俄时期）总督，州长

和兰

荷兰

的威集

师、总队

波烈威邪（坡烈威）

野战军，前锋

宜万第四

伊凡四世

九画

枯尔伊利群岛

千岛群岛

柯尔铺司（科尔铺斯）

军、兵团

柯瞒特

小队

星比尔斯克

乌里扬诺夫斯克

咧纳河

勒拿河

哆洼斯托坡立

塞瓦斯托波尔

拜喀尔湖

贝加尔湖

科眠单特

要塞司令

迷斯哇特

詹姆斯·瓦特（James Watt）

十画

敖罕（浩罕，霍罕）

费尔干纳

莫斯克洼/莫斯瓜/莫斯孤/莫斯夸

莫斯科

格仑坡

科伦坡

格拉勿诺柯瞒得

总司令

格呢栗迟

格林威治

格聂拉勒

将军

格聂拉勒固毕尔纳脱（格涅拉勒固必纳脱）

总督，旧俄省长

格猎拉迭尔司克邪

掷弹兵（旧俄精兵之一）

烈古拈尔乃

正规的、常备的

热烈茨诺拔塔理渊

铁道兵营

热瓦

热那亚

挨思喀得仑

骑兵连

哦霍持茨克

鄂霍次克

倭尔噶河

伏尔加河

倭伊司克

部队

倭伊斯克耶泼舝诺斯切

征兵

倭里诺

自由雇佣人员

倭别河

鄂毕河

倭迭沙

敖德萨

倭萨得乃坡尔克

尖兵团

倭嘎河

奥卡河

倭颜诺

军事的　武装的

倭颜诺阿喀迭米

陆军大学

倭穆司克

鄂木斯克

脑威

挪威

高架所

高加索

郭思披达里乃柯瞒得

医疗队

涅卜尔河

第聂伯河

宽倭伊涅

参战

十一画

萨马尔干

撒马尔罕

萨马拉

古比雪夫

萨拉夺甫

萨达托夫

梯富丽斯

第比利斯

野尼塞河

叶尼塞河

啰特

连

唯尔斯特

（计程单位）俄里

敏里耶啰特

地雷工兵连

得噜热纳

民兵分队　旧俄诸侯卫队

悉毕尔

西伯利亚

猎纳河

勒拿河

麻剌甲

马六甲

麻哈墨特

穆罕默德

辈特拈

一种哥萨克的部队建制

颇尔颗无尼克

上校　团长

颇荷得宜阿塔曼

（哥萨克军队的）行军队长

十二画

葛苏达斯特威尔诺耶倭波尔掣泥亚

国家任务，预备役

森比得堡/森彼德堡

圣彼得堡

斐倭多西

诺沃罗西克斯

喀马河

卡马河

喀毕丹

大尉

喀迭斯嗹科尔铺司

武备中学

喀萨克

哥萨克

喀簪

喀山

然达拉

宪兵

温帖尔倭非侧尔

下级军官

十三画

瑞唓

瑞典

辒格尔斯几耶学塾

军事学校

裘冕

秋明

十四画

蔑尔莆

今土库曼之马里

撇尔弥

彼尔姆

撇特罗复司克

彼得罗夫斯克

蜡丁文

拉丁文

十五画

撒披尔泥拔塔理渊

工兵营

额苏哩

乌苏里江

德律风

电话

畿耶甫

基辅

十六画

霍罕（敖罕，浩罕）

费尔干纳

十七画

擦利勤

察里津（伏尔加格勒旧称）

十九画

攀湍泥拔塔理渊

铠甲营

走向世界丛书一百种

初编三十五种以＊标出

谢清高 **海录**
＊ 容　闳 **西学东渐记**
＊ 林　鍼 **西海纪游草**
＊ 罗　森 **日本日记**
＊ 斌　椿 **乘槎笔记**
＊ 张德彝 **航海述奇**
＊ 王　韬 **漫游随录**
＊ 志　刚 **初使泰西记**
＊ 张德彝 **再述奇**（欧美环游记）
＊ 张德彝 **三述奇**（随使法国记）
王　芝 **海客日谈**
＊ 祁兆熙 **游美洲日记**
＊ 李　圭 **环游地球新录**
＊ 郭嵩焘 **伦敦与巴黎日记**
＊ 张德彝 **四述奇**（随使英俄记）
＊ 黎庶昌 **西洋杂志**
＊ 刘锡鸿 **英轺私记**
李凤苞 **使德日记**
钱德培 **欧游随笔**
＊ 何如璋 **使东述略及杂咏**
＊ 张斯桂 **使东诗录**
黄遵宪 **日本国志**
＊ 黄遵宪 **日本杂事诗**〔广注〕
陈兰彬 **使美纪略**
＊ 曾纪泽 **出使英法俄国日记**
＊ 王　韬 **扶桑游记**
＊ 徐建寅 **欧游杂录**
谭乾初 **古巴杂记**
王之春 **谈瀛录**
＊ 李筱圃 **日本纪游**
池仲佑 **西行日记**
蔡　钧 **出洋琐记**
袁祖志 **瀛海采问纪实**
张祖翼 **伦敦竹枝词**
王以宣 **法京纪事诗**
潘飞声 **西海纪行卷**
潘飞声 **柏林竹枝词**
潘飞声 **天外归槎录**
张荫桓 **三洲日记**
邹代钧 **西征纪程**
王咏霓 **道西斋日记**
张元济 **环游谈荟**
余思诒 **楼船日记**
缪祐孙 **俄游汇编**
张德彝 **五述奇**
＊ 傅云龙 **游历日本图经馀记**
傅云龙 **游历美加等国图经馀记**
洪　勋 **游历闻见录**
崔国因 **出使美日秘国日记**
＊ 薛福成 **出使英法义比四国日记**
＊ 薛福成 **出使日记续刻**
陈道华 **日京竹枝词**

严　修 **东游日记**
姚鹏图 **扶桑百八吟**
凤　凌 **游馀仅志**
* 黄庆澄 **东游日记**
吴宗濂 **随轺笔记**
宋育仁 **泰西各国采风记**
王之春 **使俄草**
伍廷芳 **美国视察记**
* 蔡尔康等 **李鸿章历聘欧美记**
张德彝 **六述奇**
刘学询 **考察商务日记**
黄　璟 **考察农务日记**
罗振玉 **扶桑两月记**
罗振玉 **扶桑再游记**
丁鸿臣 **东瀛阅操日记**
沈翊清 **东游日记**
* 梁启超 **新大陆游记**
张德彝 **八述奇**
载　振 **英轺日记**
吴汝纶 **东游丛录**
双　寿 **东瀛小识**
缪荃孙 **日游汇编**
周学熙 **东游日记**
* 单士厘 **癸卯旅行记**
凌文渊 **籥盦东游日记**
张　謇 **癸卯东游日记**
蒋　煦 **西游日记**
王景禧 **日游笔记**
陈　琪 **环游日记**
* 康有为 **意大利游记**
康有为 **德意志等国游记**
康有为 **英国游记**
* 康有为 **法兰西游记**
韩国钧 **实业界之九十日**
李濬之 **东隅琐记**
盛宣怀 **愚斋东游日记**
* 戴鸿慈 **出使九国日记**
金　鼎 **随同考察政治笔记**
* 载　泽 **考察政治日记**
程　淯 **丙午日本游记**
康有为 **西班牙等国游记**
杨泰阶 **东游日记**
文　恺 **东游日记**
左湘钟 **东游日记**
吕珮芬 **东瀛参观学校记**
* 林汝耀 **苏格兰游学指南**
* 单士厘 **归潜记**
金绍城 **十八国游记**
附 艾儒略 **职方外纪**
附 南怀仁 **坤舆图说**
附 丁韪良 **西学考略**
附 艾约瑟 **西学启蒙**

图书在版编目(CIP)数据

俄游汇编/(清)缪祐孙著．—长沙:岳麓书社,2016.8
(走向世界丛书/钟叔河主编)
ISBN 978-7-5538-0526-9

Ⅰ.①俄...　Ⅱ.①缪...　Ⅲ.①社会调查—俄罗斯—近代
Ⅳ.①D751.269

中国版本图书馆 CIP 数据核字(2016)第 010854 号

EYOU HUIBIAN

俄游汇编

作　　者:缪祐孙
校 点 者:许乃征　李长林
责任编辑:杨云辉
责任校对:舒　舍
封面设计:吴颖辉　贺红梅

岳麓书社出版发行
地址:湖南省长沙市爱民路 47 号
直销电话:0731—88804152　88885616
邮编:410006
岳麓书社网址:www.yueluhistory.com

2016 年 8 月第 1 版第 1 次印刷
开本:890×1240　1/32
印张:7.875
字数:183 千字
印数:1—3 000
ISBN 978-7-5538-0526-9
定价:38.00 元

承印:长沙超峰印刷有限公司

如有印装质量问题,请与本社印务部联系
电话:0731—88884129